此书献给

阳澄湖畔
千百年来千百万
弄土练泥和做砖烧窑的无名工匠

图片提供：

苏州陆慕御窑金砖厂

摄　　影：

周震麟　周建根　张雪康　王梅萍　龚　为

版画来源：

《新镌造砖图说》

绘　　画：

马　路

水磨金土

金砖的复原与发明

金瑾　周震麟　著

文汇出版社

土窑天光

天光

水乡恋恋你情怀，

总有天光向我来。

粉黛三千砖瓦砌，

阴阳一道为谁开？

装窑

复砖之原，发金之明

物不可穷也，故受之以未济。

君子以思患而豫防之。

——《易经》

苏州陆慕（旧称"陆墓"）因地处阳澄湖西岸，土质细腻温润，制砖技艺精细成熟，所产砖瓦历来就有"坚细异他处"之誉。因而，自明初永乐帝迁都北京并营建紫禁城开始，一直到清末宣统帝逊位的五百多年间，陆墓窑区始终都是皇家建筑要殿室内用砖——金砖的唯一烧造采办之地。

苏州陆慕御窑金砖厂是一家始建于20世纪50年代的古建砖瓦生产企业。80年代，金砖厂初步恢复古法，做了一批精工细作的大型方砖，故宫博物院把这批砖铺墁在气候较为阴冷的坤宁宫后廊。在经过了将近三十年数千万人次的踩踏和风霜雨雪的吹打侵蚀之后，这些砖至今依然未见大的磨损。

2008年前后，作为非遗传承的责任保护者，我们启动了古法重制明清原味金砖项目。我们相信一句话：复原就是创新和发明。我们勤勉地去理解并实践这句话的两层含义：第一，创新需要深深地根植于传统；第二，创新是生命在当下的独特的呈现。

经过多年的潜心努力，不断寻找古法史料，并反复实践试验，我们终于成功烧制出在权威检测数据上已经接近甚至超过明清古金砖的古法重制金砖。2014 年 6 月 28 日，时任故宫博物院院长单霁翔得知古法重制金砖初获成功后，考察了苏州陆慕御窑金砖厂。在观看了金砖制作的练泥过程，比较了新老金砖的断面后，单院长对项目及其成果给予了充分的肯定。

2018 年，故宫博物院官式古建筑材料基地挂牌苏州陆慕御窑金砖厂，我们觉得自己终于在御窑金砖的制作技艺里找到了与先辈接通血脉的感觉。许多专家都称这是一件"把不可能变成可能"的事情；中央电视台的不少编导都十分感慨，说这种传承"实在是一种发明"。我们终于深深地体会到了含藏在"继承传统"和"关注当下"这一对矛盾之中的关于工艺文化和生命存在的大智慧。

开始启动项目时，我们成立了项目小组，大家一起搜集金砖制作工艺资料，实践验证并体验领悟金砖工艺中含藏的非遗本质，理清金砖的肇始、发展、消亡过程和历朝历代的烧造情况，澄清金砖的历史概念和现代内涵。在这过程中，我们查阅上千种资料，考察所有铺墁金砖的建筑；学习研究各种金砖的鉴定方法，过目细料方砖一万枚以上；学习土壤知识、古代建筑知识和文化知识……

这些事情看起来是在复原古法，但有个核心：继承传统和关注当下的双向并举，顺应天道和竭尽人事的水火相济。我们相信，做好了这些事，能够为当前文化市场的发展提供实践和经验依据，能够为准确传播文化、发展创意产业找到思路和方向。

开始时，我们做得悄无声息。当 2014 年我们建立御窑金砖砖陶文化展示馆的时候，仅仅用了不到 600 平方米的空间和 100 多件砖陶器物，很快赢得了包括中韩友好协会会长、国际陶协主席、著名建筑专家和众多文化专家在内的各界人士的赞赏，以及众多儿童少年及其父母家长的喜爱，更有文化界人士想要把我们这个看起来只是坚守传统的小型文化展示馆作为一个现代创新的案例。

现代人烧造金砖，可以依据的，只有先辈们身口相传的操作法式。这种非物质特点使得金砖重制工作极为艰难。金砖烧造史上唯一记录古法工艺的资料，叫《造砖图说》，它是明代嘉靖年间金砖督造官张问之的一份奏折。遗憾的是，这本书早已不知所终。明清金砖究竟是如何制作的？它的工艺流程到底是什么样的？与我们所见的父辈们的制砖方法存在着怎样的差异？这些都成了重制金砖难以避开、必须面对的难题。

经过将近两年时间的资料搜集和积累，我们终于在一份河北的地方史料中找到了那份奏折。我们如获至宝，马上着手实践试验。在试验基本成功之后，又请人模仿明清版画的风格，绘图贴说。终于在 2014 年（农历甲午年）——《造砖图说》成刊整整 480 年之后，以完全古本线装的形式，复原了《造砖图说》，这可称得上是金砖传承历史上一件既是传承又有创新意义的里程碑式的盛事。

经过六年多实实在在的体验实践，我们领悟到了金砖制作中所含藏的工艺真谛和生命精神——金砖制作工期需历时一整年，其全部秘诀在于如何将工序与一年四季的气候和气温等时序天道，作最大程度的契合，即"顺天道，尽人事，方土窑而出金砖"。金砖工艺的这种特点正是明清苏州工艺巅峰期精工细作的典型表现，它使得金砖拥有了一种"一朴含藏万丽，一方镇定万宅"的神奇的美学功效，使得金砖可以在现代人的身心世界里成为一种文化和精神的供养。

我们将这些关于金砖的领悟融会贯通，创绘了《金砖制作天道人事图》，在六百年的金砖烧造史上第一次将金砖制作做了文化理论和生命精神的高度提升。这张图与我们用古法重制的一枚金砖，以及 2016 年我们出版的第一部系统介绍金砖的学术性专著《御窑金砖》一起，一砖、一图、一书，因为其继承传统又关注当下，顺应天道又竭尽人事，而入藏苏州市档案馆。

有不少人都担心：你们出了书，揭示了金砖制作的秘密，不就会有很多人都去制作金砖了吗？

对此，我们的回应是：制作金砖最大的秘密就是没有秘密。优秀文化遗产并不是某一个人、某一个家族、某一个地域的私产，如果有人愿意花一年甚至更长的时间去制作一块金砖，他愿意把精力投身于这份文化事业，做出来的东西比我们更好，我们不仅会表示欢迎，更会感到欣慰。优秀的文化会带给我们开放的生命态度，而创造力和创新精神正源于这种开放的生命态度，这也是我们在重制金砖过程中的一种感悟。

重制金砖让我们对非遗传承有了更真切的理解，也让我们对继承传统和未来创新都有了更多的淡定，让我们对开始尝试如何在古法中适时适度地介入现代技术有了更多的从容。非遗传承，只靠一个传承人单打独斗或家庭传承是不够的，需要靠团队的合作来完成。团队里面，有传承人，有工匠，有文化学者，有经营者，有传播者，有前辈熟手，有擅长现代技术的年轻人，等等，分工合作。当然，传承人是主持人。这样，非遗传承的路就会越走越宽，也更具生命的智慧和创新的能力。

变土为金，神乎技矣

天地玄黄，宇宙洪荒。

日月盈昃，辰宿列张。

寒来暑往，秋收冬藏。

闰余成岁，律吕调阳。

云腾致雨，露结为霜。

金生丽水，玉出昆冈。

……

——《千字文》

玄黄的天地和洪荒的宇宙之中，文明之火相击而生之后，先民们很快就发现，原本松软的土会变得犹如金石一样坚硬。

土，经由木转化而成的火的焙烧和历炼，会变成金。

今天，不少砖陶博物馆多有红烧土块的展陈，那是因为人们知道，这是工艺的坯胎、本初的砖瓦陶，是变土为金的肇始源头。

于是，偶然抑或必然地，专门用来烧砖烧瓦的窑炉出现了。

再后来，逐渐地，人们继续发现，变土成金是一门极为讲究的技术活。譬如火烧泥土到一定的时候，如果往窑里渗水，且加以控制，烧成的砖块就会还原出与泥土原料相近的青灰色，而不是干烧后的铁锈红，而且成砖也更加坚硬固实，更能经风历雨，不易酥松碎裂。

人们终于明白，若要变土为金，须得水火相济；做砖弄陶，是依循五行生克之律的一种操作，是讲求水火阴阳的一门技艺。做砖弄陶，要而言之，就是：水火相济，变土为金。

变土为金——土，可以变成金！

听起来令人兴奋，看上去一定炫目。

而实情呢？

"土"真的就是土，"金"却并不是金，而是以"金"相称的砖而已。

把土变成一块砖，是原始先民都能做的事，没啥稀奇，没啥了不起；可砖为啥要以"金"相称，什么样的砖才能叫"金砖"呢？

这是一个谁都感兴趣的事关工艺和文化的问题。

就材质而言，金砖，就是青砖，不过是精工细作的青砖罢了。用苏州人的说法，金砖就是做工细腻、有水磨腔调的青砖。

金砖与普通的铺地方砖一样，制作时用的是同一片土地下面的泥料，焙烧时装进的是同样馒头模样的土窑，练泥的工匠、烧窑的师傅，都甚至是同一批、同一个平日里靠天吃饭、凭地种田的农人，有要紧活的时候，他们一转身，就成了砖匠，或者窑工。

就工艺而言，金砖也是青砖，只不过金砖要用细料，质量要求高，工序繁复、工艺细致；而普通青砖通常不用细料，质量要求也根据用途不同而有高有低、参差不齐，工序工艺与金砖相比，无论是练泥、晾坯，还是烧窑、窨水，都相对粗疏而简易。

可见，金砖和青砖的核心区别，在工序工艺的繁简或粗细。

当然，并不是说，只要精工细作的青砖就都可以叫金砖。即便是做工最为精细的青砖，要能称得上"金砖"，还得符合两个非工艺质量的特定条件：

第一，须由专人定制，而且"下单人"只能是一朝的帝王，因为只有他，连说的话都是以"金"相称的；

第二，用于特定位置，即皇家建筑主要宫殿的室内，因为这类金銮宝殿是封建王朝江山永固、基业安稳的象征。

就是说，必须是由帝王下旨、工部下文烧造的铺墁在最高殿堂内的细料方砖，才能赋予"金"的身份和称谓，奉作"金砖"，否则，纵然敲之有声、断之无孔，纵然声比金石、腔赛水磨，还是只能被当作一枚平常无奇的青砖。

这么说来，金砖和青砖的核心区别，并不只在工序工艺的繁简或粗细，更在于它所铺的屋室和位置，在于屋室的主仆君臣们共同遵循的关于"金"和"青"、关于"砖"等语言文字背后所含藏的人际关系、社会法则和文化认同。

金砖，是铺墁在明清皇家建筑主要宫殿室内的一种特定的、至要部位的钦工物料。因为在中国古代阴阳五行学说中，砖是在"水""火"既济之后，由松散易解的"土"，炼烧而成的坚硬固实、其质千秋的"金"，所以，金砖一直都是封建王朝基业安稳、江山永固的一种象征，它和支撑起皇家宫殿核心架构的被称为"金柱"的硕大圆木一起，历来就是最受关注的两大建筑要件，是皇家物料采办中的重中之重。

金砖的制作工艺，最终能够成为中国古代工艺巅峰的一种标志，成为巅峰中的巅峰，其实并不出人意料。

而真正出人意料并令人困惑的是，这种以土为料却以"金"相称的砖，在明清五百多年的历史上，竟始终只有一个指定的造办区点，那就是：江南—苏州府—明长洲县/清元和县—陆墓镇（即今天的陆慕，相城区元和街道）。金砖制作所用的原料，只是陆墓镇御窑村村边田头下埋藏着的常见的黏土；烧造出这种不同寻常的、高标准严要求的坚实细腻的砖，所用的器具，也只是江南农村千百年来随处可见的土窑；制作出这种进入古代社会最高殿堂的、特制细料方砖的工匠艺人，更是喝着江南河网中的水长大的、御窑村普普通通的村民土著。而且，在五百多年的烧造史上，金砖的制作始终不见有任何文人的染指或参与，也就是说，是江南普通的土窑，烧出了皇家专用的金砖；是苏州地道的土著，把土变成了"金"；是相城"土"气十足的靠天吃饭的农民，成就并留下了与昆曲、园林等以"雅"著称的文化遗产一样厚重且又当之无愧的一种生命大智慧的证据，和一份人类文明的珍馐。

当年，乾隆皇帝在养心殿三希堂里读完王羲之等人的书作，题赐"神乎技矣"四个大字时，他心中这种神乎其神的技艺，压根就没与金砖制作的粗技陋活联系起来。他一定不了解金砖里含藏的水磨昆腔一般的精工细作和务须天人合一的生命精神。但今天的我们，却可以这样肯定地说：

乾隆皇帝题写"神乎技矣"的时候，他的双脚是踏在苏州陆墓工匠制作的金砖之上的，因为，三希堂、养心殿、紫禁城乃至所有皇家建筑主要宫殿里铺墁的象征着江山永固、基业安稳的金砖，都产自同一个地方——

苏州，陆墓。

那么，土要变成"金"，砖要以"金"相称，苏州陆墓的练泥工匠和烧窑师傅们究竟需要身怀怎样的神技绝艺呢？

目录

制坯晾坯，应时而动

烧窑窨水，一唱三叹

馒头土窑，水火相济

窑影

六转七回八月坯，更烧五月破天机。

千年窑影万年泪，滤就阳澄水一滴。

沥浆练泥，百转千回

孟春之月……东风解冻，蛰虫始振，鱼上冰，獭祭鱼，鸿雁来。

是月也，天气下降，地气上腾，天地和同，草木萌动。

——《礼记·月令》

取土、晒土和细土

《请增烧造工价疏》：

其土也，必取而运，晒而槌，舂以碓，研以磨，筛以箩，凡七转而后成。

《四库全书存目提要·造砖图说》：

掘而运，运而晒，晒而椎，椎而舂，舂而磨，磨而筛，凡七转而后得土。

基本工序：

工序一　**掘**　掘取原土。

工序二　**运**　运至堆场。

工序三　**晒**　任风吹雨打日晒。

工序四　**椎**　用棒槌敲碎土块。

工序五　**舂**　用碓臼舂小土块。

工序六　**磨**　用石磨研细土块。

工序七　**筛**　用筛子去除粗粒。

做金砖先要练泥，练泥要动土，动土常常是在开春的时候。

农历新年刚过，上一年冬至时一阳来复的天道行运，在江南一带开始传递出气候转暖、冻土复苏和春回大地等物息讯相的时候，平日里看天种地的农人兼砖匠们知道，要着手准备做金砖用的坯泥了。

于是，就在立春、雨水的节气里，时时关注周遭现象的变化，事事顺应四季物候的转换，金砖的取土练泥工序启动了。

选土

不过，练泥用的土有时是在过年之前甚至更早的时候就着手选好取来，并堆放到练泥场或指定储存地的。

有经验的练泥工匠，平日里会留意破土动工之处，或有意勘察并选好地点，探看挖掘。一旦发现地面土层下有适合做金砖的上好原料，就选定其为取土地点，或直接将适宜的土材掘运到堆场。

制作金砖，选土的范围基本固定在明清时期延续至今的原皇家指定烧造窑区——以陆慕为中心的阳澄湖西岸。做金砖选用的土材，在这一地域的村边田头较为常见。

苏州温水润土，有太湖和阳澄湖两大水域，其岸边田野里的泥土质地都比较好，有黏性，都是制砖做瓦的极好的原料，都能够烧造出质量上乘的砖瓦制品。不过，相比太湖水域而言，阳澄湖畔陆慕一带，其土质地更为突出，历来就是江南地区砖陶造作首选的原料产地。

取土：

选定了具体的取土地点，接着就是采挖。

做金砖的泥料，一般在地面土层之下一米左右：呈浅黄色或青灰色，或黄中带青（俗称"青眼"）；看上去温和润泽；用脚踩踏或用手指揉捏时，感觉黏性较大，不沙；沾手后用水冲洗，不太容易一下清除干净。

采挖时，先是除去表土。表土大约有两层，最表面的一层含沙和杂物较多，往下是第二层，沙土混合，这两层都不能采用。采挖撅取的是表土底下杂质少、不含沙的部分，这部分土一般在地面表层约一米到两米半之间。

认准土料的外观、色泽和质地特征，采挖，然后搬运、堆储。

晒土：

运来的土，堆积在场上或自家院子里、空地上，任凭风霜雨雪的侵袭。陆慕当地的工匠称之为"冻土"，它的作用是使土酥软、土中少硬块，以后练泥时容易翻踏；此外，经过风吹雨打后，土会变得更加温润、细顺，且可减少成砖之后的泛碱现象。

经历过风雨"冷冻"的土料，在春暖花开、天气晴好的时候，根据做砖所需的土量，部分又会被散铺开来，接受太阳光更多、更直接的照射。

这个被称为"晒土"的过程，由于天气阴晴不定，一般需持续10—20天。

椎土：

晒土的过程中，每隔一两天，工匠需用棒槌将较大的土块敲碎、弄小、分散，然后再晒，再敲，再晒，再敲……

　　运来的土，堆积在场上或自家院子里、空地上，任凭风霜雨雪的侵袭。

　　经过十到二十天的边晒边椎，以及舂磨细化后，土块成了土粉。

舂土

经过反复多次的晒—椎—晒—椎，土块逐渐变小之后，还要放进石臼，用杵把它捣得更小、更细。舂捣后的土，其颗粒大不过米麦，小近似河沙。

磨土

已经细如沙粒的泥料，还得经过石磨的碾轧，变成粉状的干土。

筛土

粉状的干土再经过细眼网筛，得到的土粉不仅去除了粗粒，杂质少，而且均匀、细腻。

取土：用铁锸采挖土，把土弄碎弄散

运土：以竹制土梃将采挖出来的土盛运至窑厂

晒土：土堆于露天，任风吹日晒

椎土：用木制棒槌把大土块敲碎弄小。

春土：在石臼或陶臼中，用杵把小土块捣成颗粒

磨土：用石磨把小颗粒土研磨成粉末

水
磨
金
土

筛土：用竹筛别除土粉末中的粗粒。

应四时气候而动，依事理物律而行

作为皇家建筑重要材料的金砖，随着清王朝的逝去而停止烧造已有一百多年，清末民初的做坯工匠和烧窑师傅早已离世，这对重制明清原味金砖和金砖制作古法的复原，无疑是极大的挑战。

金砖制作，从取土练泥到做坯晾坯，到装窑烧窑，再到窨水出窑，要经历四季，工序还得与节气时序基本吻合，周期通常在一年以上。

单要确认古法金砖的烧造周期，在存世的只做过普通青砖的老砖匠、老窑师眼里，都觉得不可思议，因为普通大方砖的制作周期通常只有半年。

好在还找得到可信的史料：

光绪十八年（1892）《江苏巡抚奎俊奏折》："烧造金砖向系春间取土，夏令成坯，俟其干透入窑煨烧，已届冬令。若稍有不按时，必多破碎，难以选解。"

光绪十三年（1887）《江苏巡抚崧骏奏折》："嗣因烧造金砖向于春间取土，夏令成坯，入秋棚打结实，交冬装窑煨烧，腊月出窑，次年选解。"

乾隆十六年（1751）《江苏巡抚王师奏折》："金砖拘于火候，正月始得出窑。"

多份清宫奏折表明，制作金砖，开春取土，夏季成坯，晾坯护坯须至秋冬之交；而整个冬季，农虽闲，田多歇，窑却忙，火正旺，直到年底腊月或来年正月，下一轮的动土练泥活将要开始的时候，才能煞窑，然后是出窑。

明朝工部郎中张问之，嘉靖年间到苏州督造金砖，三年造得五万细料方砖，其《请增烧造工价疏》中，有"阅八月而后成坯"和"凡百三十日而后窨水出窑"等叙录，《四库全书存目提要》中关于《造砖图说》的说明也有同样的记载，都足以印证：

金砖制作，工序三四十道，须按时令而作，持续整整一年。

阳澄湖畔西，温水润土地

六百多年前，永乐皇帝决定迁都并营建北京皇家宫殿，在选用宫殿室内铺地用砖的时候，为什么偏偏选中了远在江南苏州的陆墓制造的细料方砖呢？这种后来被称为"天下第一砖"的"金砖"，为什么会成为明清两朝皇家宫殿苑囿室内铺地唯一的指定用砖，而且在江南甚至在全中国都独此一家、别无分店呢？

先看一个故事。

永乐四年（1406）闰七月，淇国公丘福等文武群臣请建北京宫殿，理由是"以备巡幸"。于是，永乐皇帝就命泰宁侯陈珪、北京刑部侍郎张思恭等人督军民匠烧造砖瓦，令工部征募天下匠作，挑选民丁，赴北京听役。

当时，陈珪和张思恭只想在北京就近烧造砖瓦，他们选定的窑区是琉璃厂和黑窑厂等处；如果所需砖瓦数量多，近京的这些窑厂来不及烧造，他们就准备再派给顺天府及山西、山东有关府州的民窑。这样既省时省力，还可以免去转运劳顿之苦。然而，皇家宫殿的建造过程中，在烧造并选择大殿用砖尤其是奉天殿（即民间俗称的"金銮殿"，明代后期改名为皇极殿，清代改名为太和殿）等要殿的室内铺地用砖时，遇到了问题：近京的窑厂经过多次尝试烧造出来的方砖，无论是细密程度、吸湿性能、大小尺寸还是外观色泽，都不能令人满意，与精美宽大、富丽堂皇的皇家宫殿也不相匹配。由于皇帝对京城建造特别是皇家宫殿施工很关注，陈珪和张思恭等把南京皇宫的库存方砖和北京琉璃厂、黑窑厂烧造的方砖一起拿来请永乐帝审定。结果，相比起来，南京库存的铺地方砖虽然也略显粗糙，但质量仍明显高于北京烧造的。而南京皇宫库存的方砖，烧造地正是：苏州府—长洲县—陆墓。

就这样，永乐皇帝敕令苏州府地方官以及巡抚，让苏州为朝廷督造皇宫大殿室内的铺地用砖，苏州陆墓的砖窑成了专为北京皇家烧造高级细料方砖的指定窑户。

这是一个传说故事。但从中我们很清楚地看出，苏州陆墓成为明清金砖唯一指定烧造地的主要原因是泥料。

烧造金砖所用的泥料，既是特别的、独有的，又是普通的、常见的。

说普通常见，是因为几百年来，陆墓御窑村窑民们烧造金砖所用的原料，和烧造普通砖瓦一样，都是村边田头常见的泥土，并不需要像寻找稀有的特殊矿藏一样四处寻觅、不断挑选，因为这种泥料在陆墓镇一带甚至江南农村，都十分常见。通常，陆墓御窑村附近，只要在乡间田野稍加观察探测，就能找到适合制作金砖的泥料。

说特别独有，是因为虽然江南水乡农村的土质多"粘而不散，粉而不沙"，但适合制作出坚实细密的金砖的泥料，却是阳澄湖西岸尤其是陆墓镇附近一带的村镇所独有。陆墓的泥土与附近的江南其他乡镇的泥土虽然貌似相同，但其坚细的质地和黏沙程度终究与别处不一样，特别适合制作高质量高要求的细料方砖（即金砖）。这就是当年永乐皇帝营建北京紫禁城时，在各地制砖技艺和工序并无明显伯仲之分的情况下，没有选择在北京就近烧造金砖，也没有选择在江南的其他窑口烧造金砖，而将苏州府长洲县的陆墓窑口指定为金砖唯一烧造地的主要原因。也就是说，最初，是得天独厚的地理位置和天然土质使得陆墓成了五百多年间明清御窑金砖的唯一烧造地。

我国的造砖工艺至宋代已经成熟，各地工匠的技术相差不大，但造砖所用的泥料却会因地域的不同而有很大差别。通常，南方温水润土，泥料细腻且黏性大，以苏州阳澄湖、太湖流域的泥土最为典型，烧成的砖相对细密结实。而北方泥料沙性重，造出的砖与南方砖相比不够细，且容易风化酥裂。

从现存地方史料可知，苏州陆墓因地处阳澄湖西岸，拥有细腻温润的水土泥料，所以，至少自五代起，陆墓一带就有窑烟障天的景象，砖瓦业尤为发达，制砖技艺因此而精细成熟，所产砖瓦历来就有坚细而优于别处的赞誉。永乐皇帝迁都北京，会将陆墓所在的苏州府长洲县作为金銮殿等皇家建筑要殿室内铺地用砖的指定烧造地，也就是完全顺理成章的事了。从此以后，苏州陆墓窑区工匠的制砖技艺精益求精、好上加好，这里产的砖成了名副其实的"天下第一砖"。自明初永乐皇帝迁都北京并营建紫禁城开始，一直到清末宣统皇帝宣布逊位的五百多年里，陆墓窑区一直都是金砖唯一的烧造采办之地。

黏而不散之极，粉而不沙之特

苏州处于长江下游，濒临太湖，属典型湖积、冲积平原地貌，土壤多属人为土中的水稻土。专家认为，这种土由于长期处于水淹的缺氧状态，土壤中容易有氧化铁沉淀，形成锈斑、锈线，土壤的下层较为黏重，易于胶结，适于制坯，烧结后比较坚实。

陆慕附近的阳澄湖地区，土壤多属湖相沉积土，沙粒、粉粒含量较高，无石灰反应，有铁锈斑和铁锰结核出现，当地称之为"湖砂土"，即粉砂黏壤质普通简育水耕人为土。这种土经过三四十道工序后烧成的砖，面背四旁色尽纯白，无燥纹，无坠角，叩之声震而清，不碱不蚀，坚硬异常。

陆慕地区的粉砂型黏质土，最大的特点就是《天工开物》中所说的"粘而不散，粉而不沙"，是粉砂型黏质土中的"极品原料"。然而，需要说明的是，用于制作金砖的这种泥土，它不同于淤泥质土。所谓淤泥质土，是在静水和缓慢的流水环境中沉积并含有机质的细粒土，天然含水量大于液限，天然孔隙比大于1.5。当天然孔隙比小于1.5而大于1.0时，就称淤泥质土。淤泥质土含水率和某些有机物含量较高，除水固结后，也仍然不等同于粉砂型黏质土，所以并不适合做金砖的原料。我们走访过的一些御窑村的老窑工都说，制作金砖的泥料不是阳澄湖底的淤泥，况且，目前也不见相关史料有这样的记载。

细土须干做，练泥是水做

掘、运取土之后，为晒、椎、舂、磨、筛，这些在古法中被称为"七转得土"的工序，其主要目标是细土：一是将土块一步一步地敲碎，慢慢地弄小弄细，直到成为粉末；二是去除原土中掺杂的各种大小硬块和异杂之物。土块逐渐变小变细的顺序，也是水分逐渐减少、土块慢慢变干的过程。因此，金砖碎土这部分的工序，通常叫作"干做"。

金砖属细料砖，对成品质地的要求特别高，所以加工土料时要有舂土、磨土和筛土这几个步骤。如果是做普通的方砖，因为接下来不用沥浆，这三道工序就可省却，只需将晒到半干的土块敲碎，就可以直接加水，开始练泥中"水做"部分的工序了。

一边是地道古法，一边是现代器具

作为非遗项目的传承实践者，在重制金砖的过程中，不时会听到下面两类声音——作为一种提醒、一种警示，甚至是一种质疑：

一类是，切忌掺入现代工具和手法。

复原古法是要制作出原汁原味的金砖来，因此务必严格按照古法程序，采用传统工具，不可偷懒取巧，不可在古法工艺中混入现代机械和做法；否则，制作出来的金砖即使具有所谓的原味感，也终究不是纯粹古法，这样，传承就会打折扣，对产品的购买者和使用者也会有欺蒙之嫌。

第二是，复原古法究竟有没有必要。

制砖技术发展到今天，即便是工序工艺繁复、质量要求严苛的金砖，无论是练泥还是烧窑，都可以借助球磨机、榨泥机、真空泥料机和电窑、气窑等不同功能的现代机械或设备予以替代完成，全人力、纯手工的制作，费时又费力，还不能保证质量，吃力又不讨巧。

这些来自两极的声音，听起来都很在理：倘若采用了现代机械和工艺，那就不是纯粹的古法了；纯粹的古法做得到吗？做到了又有多大的现实意义呢？

对于需要付诸实践、身体力行的非遗传承者来说，常常会被这些来自两极的相互矛盾的声音折磨得困惑不已，但又不得不在这种矛盾和痛苦之中继续扑腾，努力前行。

金砖古法复原的过程，现在回想起来，就是这样一段在矛盾和痛苦中扑腾前行的过程。

"掘而运，运而晒，晒而椎，椎而舂，舂而磨，磨而筛，凡七转而后得土。"

掘、运、晒、椎、舂、磨、筛，要复原张问之在《造砖图说》中所说的七转得土之法，倘若遵循完全不采用现代工具的原则，就得四处寻觅取土、碎土的老工具和旧物件，就要像办博物馆收集展品、藏品一样，或如古董玩家踩地皮捡疏漏似的，满乡村乱窜，满市场乱跑，只为获得一辆废弃了的手推车、一副破损了的土橇、一把老式的碎土木耙、一套原样的舂泥碓臼，或一只陈旧的篾制竹筛……而在这上蹿下跳、东奔西跑的过程中，内心深处又总是会响起一个始终存在却又无法面对的声音：

你要复原的金砖古法，既然是明朝的诀谱，那就得去寻永乐的铲子、洪熙的车，或者找宣德的土橇、成化的木泥耙，再不就是嘉靖的碓臼、万历的筛！至少至少，也得用清朝同光宣的家伙什儿吧？而现在，拿几件看起来也只是数十年前的似旧还新的东西来复原明代古法，想要重制原味金砖，难道不是存心想蒙人吗！

更不敢面对的是：

就算你勉勉强强，凑齐了明式的石磨、清式的臼，或者参参差差，找到了清式的筛子、民国的耙，你还能招来做砖的陆慕工匠，募得到苏州的烧窑师傅，你也没法成就当年那家家户户甩砖坯的场景，更没法形成过往那岁岁年年窑烟翳的生态。

噢！却原来，操作工序工艺的是人，是生生死死永无停歇、永远只处在生长之"木"性之中的生命。

噢！却原来，人心不古，只在当下，纵然我们完完全全地不折不扣地按照"水火相济""顺时而动"等水磨腔调般的古诀秘法来重制金砖，也会因为我们无法退回到明清、无法穿越到未来这样一个十分浅显又无法改变的特点而一筹莫展，困惑不已。

噢！却原来，复原古法，重制金砖，面对的是一个触及文化传承之本质和生命成长之实相的大问题！只要我们在深层意识里把复原金砖古法当作想要逃脱生命不确定性的安全港湾，当作不愿直面当下易逝性的避难之所，那么，不管是沉溺于过去，还是执迷于未来，不管我们心有多高气有多傲，都不可能体验到工艺里藏着的真文化和大智慧，不可能感受到砖陶里含着的土性之地和金性之质。

噢！却原来，姹紫嫣红开遍却已开过，良辰美景已成往日不再，赏心乐事还必须得重来……

工艺是由生命与泥土的关系转化而成的一系列工序和技法，一味地拘泥于古法，或任性地改易古法，都不是真古法。复原古法，是要我们投身于泥土的世界，去感受、去体验每一道工序的目的、功能、作用和效果；复原古法，也是要我们突破古法的限制，去比较、去分析现代工具介入时练泥功能和效果的变化。

于是，一边是椎、舂、磨、筛，看起来地道纯粹的古法工序；一边是球磨机、粉碎机，全不似传统古法的碎土细泥技术……

水火相济，才能变土为金。

说来也怪，一古一今、一新一旧之间，一感受一体验，一比较一分析，"七转得土"的整体工艺目标，以及每一道的工序目标要求，慢慢地，就明明白白、了然于心了。

沥浆、扦泥和踏揉

《请增烧造工价疏》：

其泥也，必池以滤之，由三级之筒，过三级之萝，且池以晾之，瓦以晞之，弓以勒之，脚以踏之，手以揉之，凡六转而后就。

《四库全书存目提要·造砖图说》：

复澄以三级之池，滤以三重之罗，筑地以晾之，布瓦以晞之，勒以铁弦，踏以人足，揉以手，凡六转而后成泥。

工序八　**滤**　筑三级水池，用箩网滤沥。

工序九　**晾**　把泥堆放池中或地上阴晾。

工序十　**晞**　布上瓦片，继续晞晾。

工序十一　**勒**　用弓扦勒。

工序十二　**踏**　用脚踩踏。

工序十三　**揉**　用手搓揉。

经过十到二十天的边晒边椎，以及舂磨细化后，土块成了土粉。碎土阶段完成后，接着进入练泥阶段。

滤沥和澄晾

先是将粉土倒进砌筑好的第一个水池，然后向池中放水，让粉土在水中浸泡。

两三天后，反复搅拌水池中的泥和水，使其完全相融、成浆，然后任其沉淀。

10—15 天过后，用网筛过滤沉淀的泥浆，并将过滤后的泥浆沥入第二个水池，然后继续任其沉淀。

反复搅拌水池中的泥和水，使其完全相融、成浆，然后任其沉淀。

用网筛过滤沉淀的泥浆，并将过滤后的泥浆沥入下一个水池，然后继续任其沉淀。

让第一遍沥浆后的泥浆在第二个水池中自然阴晾。

这一过滤沥浆和沉淀阴晾的过程可多做几遍（通常为两至三遍）：

完成第一遍沥浆和阴晾后 10 — 15 天，反复搅拌第二个池中的泥浆，然后再用网筛过滤泥浆，并将过滤后的泥浆沥入第三个水池。

完成第二遍沥浆和阴晾后 10 — 15 天，反复搅拌第三个池中的泥浆，继续用网筛过滤泥浆，并将过滤后的泥浆沥入第四个池子，任其沉淀阴晾 10 — 15 天……

晞晾

在空地上用干透的砖或瓦打底，四周拦以砖瓦，筑成一个或多个小型的晾泥场或泥池。

在完成最后一遍沥浆后，把经过多次滤沥的浆泥浇在铺好的砖或瓦上，盖上纱布或其他既挡水又透气的遮盖物，让浆泥在室外场地上的盖被下自然阴晾或照晒。

根据天气的阴晴实际，大约半个月以后，揭去纱布，将晞晾到半干的胶状泥块搬移到室内，继续裸晾 15 天左右。其间，随时关注天气的阴晴和气温的升降，随时关注泥块的干湿燥润，随时注意开关门窗，随时注意搬动并翻转泥块。

扦勒和踩踏

等到细泥中的水分挥发过半，不粘手脚时，取来泥块，将其逐一用力甩掷在地，堆拢。

等泥块铺成小摊，由一至二人赤脚上摊，将泥踩踏结实。

踩完一层，往摊上加泥，再踏再踩；踩完一层，再加泥，再踏，再踩……直到泥摊渐高，筑成泥堆。

接着，用扦泥的弓弦，沿泥堆侧面一角，从泥堆上切勒出一片又一片的薄泥。

　　左：用砖瓦筑成一个或多个小型的晾泥场或泥池，把经过多次滤沥的浆泥浇在铺好的砖或瓦上，盖上纱布或其他既挡水又透气的遮盖物，让浆泥在室外场地上的盖被下自然阴晾或照晒。

　　右：将晞晾到半干的胶状泥块搬移到室内，继续裸晾15天左右。其间，随时关注天气的阴晴和气温的升降，随时关注泥块的干湿燥润，随时注意开关门窗，随时注意搬动并翻转泥块。

　　左：等到细泥不粘手脚时，将其堆拢，踩踏结实，踩完一层，往摊上加泥，再踏再踩……直到泥摊渐高，筑成泥堆。

　　右：用扦泥的弓弦，沿泥堆侧面一角，从泥堆上切勒出一片又一片的薄泥，将其逐一甩掷到地上。等片泥铺成小摊，将其踩踏结实；踩完一层，再加泥片，再踏再踩……直到泥摊渐高，筑成泥堆。

水磨金土

然后将扦好的薄泥片逐一用力甩掷到地上。

等片泥铺成小摊，由一至二人赤脚上摊，将泥片踩踏结实。

踩完一层，往摊上加泥片，再踏再踩；踩完一层，再加泥片，再踏，再踩……直到泥摊渐高，筑成泥堆。

根据每次扦勒和踩踏后泥料质地的实际情况，这个通过反反复复的扦踏而使得泥摊变成泥堆的过程，通常需要重复五到六次，甚至更多。

揉团

经过多次滤沥澄浆的泥，虽然细腻了，但黏结力下降了；经过反反复复的扦勒、踩踏，泥料的黏性得到了部分恢复，但是，要用沥浆细泥做尺寸较大的方砖，这样的黏性依然不足；而且，扦踏后的泥料中，还会留有很多不易去除的小气孔。

因此，金砖制作的练泥工序还必须要有最后一道：揉泥。

揉泥工序，叙述起来很简单：从完成扦踏工序的泥堆上取下一团，用双手一次又一次、反反复复地推揉，就像推揉面粉或米粉一样，或"菊花揉"（推揉时手腕印痕呈菊花花瓣一样扇状展开），或"羊角揉"（推揉动作的形状好像斜向两边的山羊角），直到用扦泥的弓弦将揉成的泥团切开时，泥团的截面完全达到"断之无孔"的标准要求。

出窑的金砖要做到断之无孔，做砖的坯泥就必须练到断之无孔。工匠介绍，每一团泥，常常要揉数十次甚至上百次。揉泥这道工序的主要作用，是在足够的扦勒、踩踏之后，进一步完成练就上好细料泥的两大质量目标：一是增强泥料的黏性，二是彻底去除泥料中的小气孔。

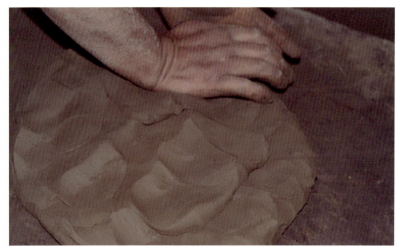

　　用双手一次又一次、反反复复地推揉泥团，就像推揉面粉或米粉一样，或"菊花揉"，或"羊角揉"，直到用扦泥的弓弦将揉成的泥团切开时，泥团的截面完全达到"断之无孔"的标准要求。

　　出窑的金砖要做到"断之无孔"，做砖的坯泥就必须练到"断之无孔"。工匠介绍，每一团泥，常常要揉数十次甚至上百次。

沥浆：以竹制或铁制滤网过滤并筛沥泥浆。

阴晾：将泥浆盛放在砖砌水池中阴晾。

水磨金上

晞晾：泥场上摆砖瓦片，盛放并晒干泥浆

扦勒：用铁制或木制的弓扦把泥扦勒成薄片。

踩踏：用脚反复踩踏，筑成泥堆

揉团：用手反复揉踩踏后的泥。

水磨金土

困境就是资粮，苦难即为道途

按古法练细料泥，刚开头，就撞上了难关。

断之无孔，是金砖质量的一个基本要求，而出窑的金砖要做到断之无孔，做砖的泥料必须练到断之无孔。倘若泥料中留有气孔，烧出来的砖肯定做不到无孔。

本来我们以为，滤沥澄浆能使泥料变细，还能去掉泥里的气孔，因而，沥浆过后的细料泥，经过晒晾，又反反复复地扦勒、踩踏，再多次搓揉成团，自然就能够做到断之无孔了——只要功夫深，铁杵磨成针么。

可是，好多次的扦勒、好多次的踩踏，再加上好多次的搓揉，细泥里总还是有小气孔，即使增加了扦勒、踩踏和手揉的次数，似乎还是无济于事。

细泥里的小气孔，成了棘手的难题，怎么也去不掉。

本来以为，只要老老实实地照着《造砖图说》中所说的古法工序去做，就一定能做成做好。这样天真的想法在这些看上去难以去除的小气孔面前，很快受挫了。

小气孔把金砖古法的复原死死地卡住了。

好在物产丰富、百工云集的苏州，向来有不少研习和取经的去处。

看看做水磨糕团的师傅们，看看做面食点心的技师们，再看看做紫砂壶具的练泥工匠们，看他们是怎样揉粉团和泥料的。虽然面粉、米粉或是紫砂土，与阳澄湖畔的黄泥质感不太一样，加工的目标也大不相同，但搓揉的工序、手法、方式和要求等，还是很值得借鉴的：

比如"菊花揉"，是在推揉时用力使手掌根部的印痕呈菊花花瓣一样向两边扇状展开……

比如"羊角揉"，是指推揉时动作形状好像斜向两边的山羊角……

学来了新的揉团手法，又交错综合地使用，结果，用扦泥的弓弦将揉好的泥团切开一看——还是有不少小气孔！

传统的手法不行，就自创技艺。把沥浆、晒晾过的泥装进布袋，再把装满了泥的布袋反复来回地翻滚拍打，然后将经过翻滚拍打的泥搓揉成团……结果，用扦泥的弓弦将揉好的泥团切开一看——依然有不少小气孔！

小气孔把金砖古法的复原死死地卡住了。

经过将近一年的受挫—研习—尝试和再受挫—再研习—再尝试之后，金砖古法的复原似乎陷入了困境。

本来以为，只要老老实实地照着《造砖图说》中所说的古法工序去做，就一定能做成做好。这样的想法在这些难以去除的小气孔面前显得天真，也让人困惑不已。

难道古法练泥真有什么秘方吗？古法练泥是在泥浆里加了什么东西而作为不能公开的秘密不写进方谱吗？

据说朋友已故的父亲当年是做煤球炉内胆的高手，所做炉胆不但密实，而且用久了也从不开裂，而其精湛的手艺有赖于一个秘不示人的偏方——在炉胆原料中加入食盐。——在金砖泥料中加入食盐或盐水，对去除小气孔和砖的烧成有效吗？

传说古时候金砖练泥时会在泥浆里加糯米浆，这样烧成的砖才既密实又不易开裂。——在金砖泥料中加入糯米浆试试呢？

……

挖空心思，绞尽脑汁，可都没有结果，收效甚微。

小气孔把金砖古法的复原死死地卡住了。

山穷水尽之时，绝望困惑不已。

金砖古法的复原似乎陷入了绝境。

挫折就是资粮，苦难便是道途。

如果说古人做金砖真有什么秘法，那秘法就在工艺中。

蓦然想到，工艺是什么，工艺的本质是什么？

工艺体现的是生命与世界的关系，金砖工艺的本质和秘诀就在使用材料做砖的生命和作为材料做砖的泥土之中，就在人和土这两者的关系之中。

蓦然想到，做金砖的古人，同时又是种地的农民，他们面朝黄土背朝天的时候，他们踏着脚下这方水土、仰望头顶那片天空的时候，他们与泥土的关系，因为求生存的压力，其实是非常单纯、非常直接的。因而，金砖古法中，生命和泥土之间相互渗透甚至相互交融的关系，当是如此至真至切又至密至实，是我们这些数百年之后的现代人无法想象的。我们自以为花了大功夫、用了大力气的练泥古法，相比于古人所说的水磨功夫来，恐怕连皮毛都不算。

蓦然想到，我们这些听到金砖和御窑立刻就会想到黄金和荣耀的现代人，在天空时常有雾霾弥漫的时候，在心中浮躁和空洞的时候，即使脚踏着与古人同样的这方水土，头顶着与古人同一片天空，而我们与泥土的关系，早已不那么单纯，不那么直接。因而，表面上看，我们是在千真万确地按照古法重制金砖，但在这看似相同的工序、工艺中，生命和泥土之间，早已失去了那份至真至切又至密至实，因而也就失去了水磨的腔调和神韵。

蓦然想到，所谓水磨功夫，其实只是生命与泥土之间，移除那些黄金、欲望和功利带来的浮躁和空洞，然后纯情地面对脚下的这方水土，真心地仰望头顶的那片天空，将全部的身心投入生命与泥土的关系之中，扦勒、踩踏、搓揉，扦勒、踩踏、搓揉……十遍、二十遍、三十遍乃至上百遍……百转千回，绵延不绝。

有了这样的领悟，终于，随着对古法复原目的和动机的清厘，随着人心中雾霾、浮躁和空洞逐渐减少，练就的金砖坯泥中的气孔越来越少，直到不管任何时候，只要用扦泥的弓弦将揉好的泥团切开一看，都能做到"断之无孔"。

请增烧造工价疏，古法原味有依怙

　　明嘉靖朝，皇宫兴建规模巨大，数量至多。时任工部郎中张问之担任金砖督造官，长驻长洲县（今苏州）陆墓，三年督造金砖五万余方，可见当时金砖烧造规模的庞大、官员和窑民压力的巨大。

　　张问之初到陆墓时发现，窑户们因为听到朝廷又要下令征募烧造金砖的劳役，大多相继逃亡，使得他几乎找不到窑工来制砖。主要原因是当时朝廷可能没有考虑到金砖的烧造成本如此之大，因而给窑户的工钱太低。金砖的制作工序极其繁复，烧制持续时间极长，需要一年；成品率又很低，通常四五块出窑的砖中只能挑出一块符合朝廷要求的来。这样，窑户们烧制金砖非但不能赚钱，还要赔本。当时窑户每家分到的金砖任务多在三百块以上，而每烧造一块金砖，窑户就要赔七钱，这样每个窑户会因为烧造金砖而赔上银子二百一十两。张问之了解到这样的情况后，只能设法抚按窑户，费了不少周折招复窑民，才在三年之内勉力完成了五万块金砖的督造任务。有了这样的经历和体验，在金砖即将解运至京城之时，张问之觉得，需要将这劳民伤财的实情向嘉靖皇帝说明，于是写下了《请增烧造工价疏》。

　　从奏折的题名可以看出，张问之的主要目的是让朝廷提高金砖烧造的工价。为了说明缘由，张问之在奏折中将金砖制作的工序逐一予以图解。于是，这份奏折和其中的配图，就成了详细记录金砖制作具体工序的第一个也可能是唯一的文本。到清代乾隆编撰《四库全书》时，张问之的这份《请增烧造工价疏》以《造砖图说》为书名收入存目。然而，因为没有收入奏折图文的全部内容，之后《造砖图说》散失民间，至今早已亡佚。

所幸，张问之《请增烧造工价疏》的全文今天还能见到。现在，我们在御窑金砖制作技艺随着清王朝逝去散入民间的一百年之后恢复原味金砖的制作，即重制明清御窑金砖，以及复原《造砖图说》，主要依据的就是张问之的这份奏折。也就是说，有了张问之的《请增烧造工价疏》，才使得苏州御窑金砖制作技艺得以完全地、原味地复原。

泪猿

一两黄金一块砖，三行眼泪四声猿。

千回百转窑工苦，谁料今朝万众喧？

制坯晾坯，应时而动

天地之间，有阴阳之气，常渐人者，若水常渐鱼也

——《春秋繁露》

阳变阴合，而生水、火、木、金、土；五气顺布，四时生焉。

——《太极图说》

入模成坯

《请增烧造工价疏》：

以至坯之做也，托之以板，装之以范，以两人共擦之，以石轴碾之。

《四库全书存目提要·造砖图说》：

承以托版，研以石轮。

基本工序：

工序十四　**托**　用托板承住泥团。

工序十五　**装**　将泥装进木模子。

工序十六　**擦**　两人合作擦平泥坯。

工序十七　**碾**　用石轴碾压泥坯。

板托

将一块木质的托板放在地上。

托板和金砖一样呈方形，略大于制坯的木模，向上的一面刨平做滑，向下的一面钉有两根足够宽、足够厚的木条做脚，以使托板和地面之间留有空隙，等需要翻转板子和木模时便于搭手。

在托板朝上的一面铺一块棉质纱布，再在制坯木模内侧涂撒一层薄薄的草木灰（以防坯泥粘住木模和托板），然后将制坯木模放上托板。

这样，就可以开始往模框里扔泥团，开始"甩砖坯"了。

入模

将泥团甩掷进模框内板上，由一至二人进框踩踏泥团。

踩踏的要求是严密结实和精耕细作，特别留意泥团与木模框内侧之间以及木模框的四角，要使得框内泥坯与木模框之间任何地方都不留一点空隙。

踩踏是一层层进行的。进框踩踏的同时，根据实际情况随时向框内添加泥团。

踩踏持续到框中的坯泥略高于模框。

　　踩踏的要求是严密结实和精耕新作，特别留意泥团与木模框内侧之间以及木模框的四角，要使得框内泥坯与木模框之间任何地方都不留一点空隙。

　　完成了泥团入模和踩踏之后，用木锤有序且反复敲拍泥坯向上的一面。

擦刮

完成了泥团入模和踩踏之后，用木槌有序且反复敲拍泥坯向上的一面，然后用锯扦勒除高出模框部分的坯泥，用细木棍蘸水刮平、推光泥坯表面。

碾轧

用石（铁）轴在刮平的泥坯表面，沿上下和左右两个方向，各反复来回碾轧十余遍。

翻转泥坯，对坯的另一面反复碾轧十余遍。

用锯扦勒除高出模框部分的坯泥。

用石（铁）轴在刮平的泥坯表面，沿上下和左右两个方向，各反复来回辗轧十余遍。

板托：用木制托板承置坯泥

水磨金士

入模：将泥装进木模子里，规范成坯。

水
磨
金
土

擦刮：两人合作，使用铁制或木制的锯扦，将泥表面擦刮勒平。

轴碾：用铁制或石制的碾轴碾压泥坯。

护坯晾坯

《请增烧造工价疏》：

以槌平之端正。日日翻转之，面面棒打之，遮护之，开晾之，凡八个月始干。

《四库全书存目提要·造砖图说》：

椎以木掌，避风避日，置之阴室，而日日轻筑之。阅八月而后成坯。

基本工序：

工序十八　**槌**　用木掌敲打砖坯的每个表面，使之平整。

工序十九　**翻**　翻转泥坯。

工序二十　**筑**　轻柔地敲击砖坯。

工序二十一　**遮**　用遮光物保护砖坯。

工序二十二　**晾**　适时地开门开窗，使砖坯慢慢晾干。

槌平

除去木模，阴干数日后，用拍板将泥坯拍打端正。

借助托板，两人面对面，协力合作将坯翻转竖立，摆到晾坯处。

在泥坯顶上覆盖青草、稻柴或草帘。

翻转

晾坯之初，虽然坯房门窗紧闭，但因为砖坯中含水较多，砖坯又是竖立摆放，很快就会出现歪斜、扭曲和上窄下宽等现象。这些现象虽然一开始并不明显，但如果不能及时发现并处理，砖坯会不平、变形或开裂，甚至报废。

除去木模，阴干数日后，用拍板将泥坯拍打端正

　　因而晾坯之初，需要密切关注每一块砖坯的变化，并且及时翻转，即将坯倒个个儿之后继续阴晾。

　　晾坯的整个过程中，需要持续不断地关注每天的天气、温度、阴晴变化和空气干湿，需要关注坯房内每一块泥坯的动静，并依据观察到的情况随时开关门窗，随时调节坯距，随时挪移位置，随时变动摆向。

筑拍

天气的变化直接影响砖坯的变化。金砖晾坯周期长达六到八个月，其间随着细料坯泥中水分的逐渐挥发，砖坯的表面、外形以及体积等都会随时发生变化。护坯工匠需要及时发现并随时处理，随时用拍板、木槌或铲子等工具矫正或修补出现的问题，随时让砖坯处在竖直、端正和平整的状态。（"筑"为苏州土语，意思是使物品直立且齐整。）

遮护

由于金砖坯泥精致且细密，所以，即使是在坯房室内晾坯，倘若稍不留意，使得细泥中的水分挥发得太快，砖坯就会出现裂缝。因此，晾坯护坯需要十分小心、十分仔细，更要十分的灵巧、十分的勤快。

要呵护好金砖泥坯，尤其是在晾坯后期，用棉布或草帘给砖坯盖上"被子"，显得十分要紧。而"被子"是厚是薄，是多层还是一层，什么时候盖，什么时候掀开，掀多少盖多少，如何掀怎么盖，又是要紧中的要紧活。

通风

同样的缘故，今天的天气如何，是阴是晴，刮风还是下雨，多大的风多小的雨，坯房的门窗要不要开，要开门还是要关窗，开哪扇门关几扇窗，斜着开还是关一半……这些绝非省心的事，而且是需要贯彻在晾坯护坯整个过程之中的，来不得一点马虎或疏忽。

左：金砖晾坯周期长达六到八个月，其间护坯工匠需要及时发现问题和变化，并随时处理，随时用拍板、木槌或铲子等工具矫正或修补。

右：天气如何，是阴是晴，刮风还是下雨，多大的风多小的雨，坯房的门窗要不要开，要开门还是要关窗，开哪扇门关几扇窗，斜着开还是关一半……这些绝非省心的事，而且是需要贯彻在晾坯护坯整个过程之中的，来不得一点马虎或疏忽。

　　金砖制作从开春时动土，经过晒土、细土和沥浆练泥，到完成泥坯制作，开始护坯晾坯的时候，一般已是暮春季节、夏天到来之前。

　　由于砖坯细泥的密实，护坯晾坯的工作一直要持续到农历九月秋冬交替之时。经过夏秋两季半年以上的时间，细泥坯里的水分基本挥发，等天朗气清的秋季即将过去，叶落草枯的冬天就要来临的时候，砖坯已经基本"干透"，装坯进窑也随之开始。

水
磨
金
上

槌平：用木拍板捶拍砖坯的每个表面，使之平整。

翻转：翻转泥坯。

筑拍：轻柔地用木槌拍敲击砖坯。

水磨金士

遮护：用遮光物保护砖坯

水磨金上

通风：适时开门开窗，使砖坯慢慢晾干。

看天看地看黄泥，忙来忙去忙砖坯

练好泥，做完坯，关紧门，打开窗，坐等八月把窑装。

不熟悉制砖工艺的人大多这么认为：金砖练泥，要求严苛，工序繁复，椎舂磨筛，沥浆晒晾，扦勒踏揉，的确耗时耗工、费力费心，待到"七转得土""六转成泥"完成，"断之无孔"的坯泥练就，砖坯做好，工匠们便可坐等阴晾、闲看坯场，直到秋高时光，坯干气爽，进窑垛装，做坯的活就可以交差，就可以等着工成之后领赏了。古书上所谓的"阅八月而成坯"，大概就是指做砖匠人们在辛苦练泥之后这样一段坐看砖坯的闲暇光景，就像农民耕地种庄稼，忙一阵子，总要歇一阵子。

殊不知，看似可以闲暇坐等的时候，恰恰是砖匠泥工们需要整天牵肠挂肚、丝毫不敢松懈怠慢的日子。

密实的上细泥料，一朝成坯，就极难服侍，就像伺候一个任性多变的孩子：

热不得，冷不得，快不得，慢不得；几天不翻动，随即全身变形。

坯距过宽，门窗开得过勤，水分跑得快，就会脚轻；坯距太近，门窗开得太少，水分又不易挥发，会留下后患，稍不留神，就会头重。

棒拍四周，中间鼓腹凸肚；多顾中间，四周胀突裂缝……都容易开裂。

而且，坯房的门窗开还是不开，开门还是关窗，开哪一扇门关哪几扇窗，斜着开还是关一半……在晾坯的每一个阶段都不一样，都必须依据观察到的实际情况做出判断，随时行动，随时调整。

就这样，六到八个月的护坯晾坯期间，砖匠们得有极大的耐心和细心，不停地看天看地看泥坯，不停地来回于泥坯和天气之间。

就这样，六到八个月的护坯晾坯期间，砖匠们的生命，与天、与地、与泥、与坯，紧紧地连在了一起，甚至形成了一种合一和共生的关系。

就这样，砖匠们生命里的汗水和苦难，渐渐凝结成了"顺应天道、竭尽人事，方土窑而出金砖"的工匠智慧和生命精神。

就这样，数百年后，砖匠们用汗水和苦难凝结而成的工匠智慧和生命精神，渐渐地，成了子孙后人的荣耀和骄傲。

水
磨
金
土

水磨腔调水磨韵，工到水磨土成金

　　金砖制作"七转得土""六转成泥"等碎土练泥工序之繁、之细、之精，不由得让人想起通常用来描述明清时期苏州工艺特色和韵味的那个词——"水磨腔调"！仅看制作金砖的碎土练泥工艺，与细腻绵长、一唱三叹的水磨昆腔，以及百转千回、曲径通幽的古典园林，真有出于同辙同宗、源于同水同土的相同和惊奇。读过明朝沈宠绥《度曲须知》的人，感受会更深、更真："调用水磨，拍捱冷板，声则平上去入之婉协，字则头腹尾音之毕匀，功深镕琢，气无烟火，启口轻圆，收音纯细。"金砖制作技艺有着和昆曲、园林等吴韵苏工一样的九曲回肠和精极细至，真所谓"工到水磨，土才成金"。

金不幻

昨日晴空今日云，他来你去我难寻

土窑水火金不幻，何处真得般若君？

烧窑窨水，一唱三叹

故先王以土与金、木、水、火杂，以成百物。

——《国语·郑语》

水神透入土膜之下，与火意相感而成，水火既济，其质千秋矣。

——《天工开物》

四月焙烧

《请增烧造工价疏》：

发火也，一月而糠草，二月而片柴，三月而颗柴，又四月十日而枝柴，凡五个月而砖始出。

《四库全书存目提要·造砖图说》：

其入窑也，防骤火激烈，先以糠草熏一月，乃以片柴烧一月，又以棵柴烧一月，又以松枝柴烧四十日，凡百三十日而后窨水出窑。

基本工序：

工序二十三　**装窑**　将阴干后的砖坯堆垛进窑。

　　把砖坯装进土窑炉膛，如何堆垛，也是一件费力费工还费神的技艺活。

　　点火以后，不是马上开始烧窑，不是立刻干柴烈火地热坯，而是用砻糠做燃料，熏。

工序二十四　**糠草熏**　用砻糠或柴草熏一个月。

工序二十五　**片柴烧**　用木片类的硬柴烧一个月。

工序二十六　**棵柴烧**　用稻草类的棵柴烧一个月。

工序二十七　**松枝烧**　用松枝类的枝柴烧四十日。

正常情况下，从深秋或初冬开始，一直到年底腊月，其至来年正月，金砖泥坯进窑之后，窑火要持续不断三四个月之久。冬天正是农闲之日，江南的窑工同时也是农民，平常田里还有农活要干，而到了冬天，歇田歇农不歇窑，正好可以用心烧砖，何况，秋冬正是枝叶枯黄、稻草成堆的季节，烧窑的燃料也不用发愁。

装窑

把砖坯装进土窑炉膛，如何堆垛，也是一件费力费工还费神的技艺活。

坯是堆在窑床即窑炉底部的核心区域内的。窑床用砖砌成，其间没有吸火口或支烟道，属冷底。最底层堆黄道砖一类的小货，俗称"脚子砖"。其上是金砖泥坯，就像晾坯的时候一样，竖立着，或"人"字形摆放，坯与坯之间自然留出适度的间距或空隙。摆好一层，再往上垛第二层，层层叠加，上下相邻层次的坯斜搭且骑跨而垛。

与窑炉下大上小的穹顶形状相一致，叠放砖坯的数量也是逐层减少，底层最多，越往上越少。底下的金砖坯堆好之后，坯堆的顶部还要叠垛挡水护料。

护料主要是青瓦或花边瓦、滴水瓦等小货，主要功用是窨水时防止造成金砖主料水伤。如果没有这层护料，窨水的时候，一旦水量过大，直接滴落到砖坯本身，就容易造成水伤，即成砖颜色发白，敲击声音发哑。

堆垛顶层的挡水砖时中间需要留出孔道，俗称"火路"，主要作

　　土窑顶部的窑水池（当地称"湖塘"）里，这时还没有放水，池田中间的孔洞（称作"天脐"）使得窑室内外保持气烟流通。

　　天脐口上面还搭有一个简易的瓦棚，用以遮风挡雨。煨坯时，需依据观察到的实时现象，辨识窑内温度和砖坯水分的排出情况，确认天脐口是否需要加封砖块。

用是利于热量循环，防止火裂。挡水护料如果堆垛得过于紧密，中间不留火路，炉内热量在土窑顶部受阻，流通不畅，也会导致金砖成品率下降。

窑膛口同样需堆垛黄道砖等小货，以防烧窑时火势过猛，称"挡火砖"。

奋糠熏

点火以后，不是马上开始烧窑，不是立刻干柴烈火地热坯，而是用奋糠做燃料，熏。所谓熏，就是燃料点着了，见烟却不见火，俗称"煨"。

烧金砖时，这种熏煨的状态，要持续整整一个月。

煨坯看似简单，却是一项全凭经验来拿捏分寸的实实在在的手艺。一个月里，如果不见了烟，窑膛里的星火就会熄灭，温度会降下来，没法煨干逼出泥坯中仅存的少量水分；要是长时间见了火，窑里温度骤然升高，而此时即使砖坯中留有极少的水分，由于沥浆泥的精致细密，也很快会导致坯身爆裂。

一个月里，长时间见火不行，长时间不见烟也不行。

土窑顶部的窨水池（当地称"湖塘"）里，这时还没有放水，池田中间的孔洞（称作"天脐"）使得窑室内外保持气烟流通，利于水汽快速排出。天脐口上面还搭有一个简易的瓦棚，用以遮风挡雨。

天脐的把控是这个阶段中调控窑内温度和排水速度的主要手段。

煨坯时，需依据观察到的实时现象，辨识窑内温度和砖坯水分的排出情况，确认天脐口是否需要加封砖块。

临近月底时，坯体已经温热，就要开始逐渐封堵天脐口，至全部封堵，上面的瓦棚也需拆除。

　　进入第二个月时，燃料由温性的砻糠改成了烈性的片柴，煨转成了烧，烟几乎不见了，火却逐渐变旺，窑温也随之往上攀爬升高。

　　第三个月里，窑温需要继续推高，缓而不软，稳而不温。不过，燃料需再次更换，换成和砻糠一样具有温热火性的稻草类的棵柴。

　　第四个月开始，火势渐猛渐盛，窑温渐高渐升。这一阶段所用的燃料是树枝，火性猛烈。

片柴烧

进入第二个月时，坯里的水分几近烘尽，窑灶开始温热，窑膛呈现出迎接干烈氛围的势头。这时，天脐封死，燃料亦由温性的砻糠改成了烈性的片柴（即木片类的硬柴），煴转成了烧，烟儿乎不见了，火却逐渐变旺，窑温也随之往上攀爬升高。

干柴，烈火，也是持续烧一个月。

片柴烧窑的过程中，随着温度慢慢上升，为凝聚热量、把控温度，窑膛燃料进口的操作台（称作"翻门"）上方，需用小青砖平砌筑高，通常至第二个月后期，约砌五砖。卤腰的三个烟道口也需随实时火情来调节。这是这一阶段中控制炉温的主要手段。

棵柴烧

火势忽猛忽弱，温度骤升骤降，是烧窑的大忌。第三个月里，窑温需要继续推高，缓而不软，稳而不温。不过，燃料需再次更换，换成和第一个月里的砻糠一样具有温热火性的稻草类的棵柴。

继续实时观察，适时再砌高窑膛口的小青砖，调节卤腰烟道依然是这一阶段调控窑温的主要功夫。

枝柴烧

第四个月开始，火势渐猛渐盛，窑温渐高渐升，慢慢地，就要接近煞窑窖水了。

这一阶段所用的燃料是树枝，火性猛烈。

烈火加高温，这是烧窑最为关键的阶段，尤其是在进入第五个月的时候。

卤腰烟道口的盖砖要不要挪移，移多少，盖几块，窑膛翻门上方的砖块要不要加砌增高，什么时候可以封堵，封堵后窑膛里的火势、火色会有怎样的变化，要不要动手煞窑，能不能开始窖水……这些都要根据实时的观察，迅速判断，并随时决定，随时动手。烧窑师傅必须每时每刻身在窑屋而心系窑膛，每时每刻眼观火势又手勤脚快，每时每刻心灵手巧还气定神闲。

除继续适时砌高窑膛口翻门的小青砖外，这时还需要密切关注囱腰上的三条内烟道。这一阶段调控窑温窑火的主要手段还是适时封撤窑膛口和囱腰烟道口上的小青砖。

装窑：将阴干后的砖坯堆垛进窑室。

砻糠熏：用砻糠或柴草熏一个月。

片柴烧：用木片类的硬柴烧一个月

棵柴烧：用稻草类的棵柴烧一个月。

枝柴烧：用松枝类的枝柴烧四十日。

　　煞窑前，窑膛翻门的封火砖砌筑到最高处，最后只留一个很小的观火口和燃料进口。烧窑师傅会透过观火口密切关注炉内的火焰，尤其注意其层次和颜色的变化。

　　等到囱、炉、门，火、烟、灰，色、形、势等出现期望中相互呼应且吻合一致的现象时，包括囱腰吸风口三条烟道在内的与外界的通风口就需全部封堵，窑膛停止燃料供给。

煞窑窨水

基本工序：

工序二十八　**煞窑**　用砻糠维持窑温并收煞火势。

工序二十九　**窨水**　向窑顶的窨水田灌水，使水下渗以冷却炉温。

煞窑

所谓煞窑，就是等窑炉在"大火"阶段持续一段时间后，温度明显升高，在接近最高温度、准备窨水之前，需要用温软火性的燃料保持窑内炉温，并使得炉中的火势有接受窨水的氛围，使整个烧窑进程至此有个收煞。

煞窑前后的"看火"（观察火的形势、颜色等变化）及其相关操作是烧窑过程中极为关键的一步。火候少一分，出窑的砖釉色就不够，缺少光泽；少两三分，就会烧出嫩火砖，青黄斑杂，经不得风霜雨雪就分崩离析。火候多一分，则成砖砖面会有裂纹；多两三分，砖身会变形缩小，甚至开裂扭曲、坚硬如铁而不能用。

煞窑前，窑膛翻门的封火砖砌筑到最高处，最后只留一个很小的观火口和燃料进口。烧窑师傅会透过观火口密切关注炉内的火焰，尤其注意其层次和颜色的变化，注意炉内火焰是否出现"回火"和"腻火"。

所谓"回火"，是指窑炉后部靠近烟道的部分一旦升到足够的温度，窑门燃料口的火焰在流入窑炉后部后会回转到前面，出现"回流出来的火焰"。

"腻火"，则是指窑温接近最高点的时候，火焰会出现如同金银融化时那般形神摇荡的样子，烟雾一般"模糊发腻的火"。

判断窑温是否足够且恰好，是否可以煞窑并窨水，还需要观察并调控以下两项：

窨水就是往窑顶的窨水田里灌水，让水通过池底（也就是窑顶）的泥层、灰层和砖层，向下渗透到窑膛的内顶。

窨水过程中，窑工需要通过密切关注窑体之外的各种现象，比如已经封堵的窑膛冒出来的蒸汽的浓淡、位置等，来推断窑膛之内水火交战时所处的基本状态，随时辨识，随时动手，随时调整。

窨水之后是冷窑，冷窑之后便可以出窑了。

1. 囱腰吸风口三条烟道的火势和火色；

2. 烟囱顶端窑烟和窑膛里灰烬的颜色形态。

等到囱、炉、门，火、烟、灰，色、形、势等出现期望中相互呼应且吻合一致的现象时，就需封堵窑膛与外界的所有通风口，停止燃料供给，同时用砻糠尽可能填满窑膛，准备进入下一道工序：窨水。

窨水

窨水，也写作"洇水"，意思就是渗水。这道工序的基本操作就是往窑顶的窨水田里灌水，让水通过池底（也就是窑顶）的泥层、灰层和砖层，向下渗透到窑膛的内顶。水下渗，水火交战，炉温逐渐下降。等水窨足，水火之战结束，炉温冷却，砖就可以出窑了。

即使是烧普通的砖瓦，水量的多少、下水速度的快慢、分寸的拿捏和时间的长短等都是能否成功窨水的关键，金砖烧造更是如此。倘若下水过快或过多，砖面砖身容易崩裂，或容易造成水伤；下水过慢过少，则起不到降温作用，砖面砖身都不容易成青，出窑后的砖就多呈红色。倘若下水先慢后快，或先多后少，都会影响到成砖的外观色泽和内在品质。因此，窨水过程中，窑工需要通过密切关注窑体之外的各种现象，比如已经封堵的窑膛冒出来的蒸汽的浓淡、位置等，来推断窑膛之内水火交战时所处的基本状态，随时辨识，随时动手，随时调整。

窨水持续的时间根据每一窑砖的实际情况而定，一般在 10 天左右。

窨水之后是冷窑，持续时间亦根据实际情况而定，一般在 5 天左右。

冷窑之后便可以出窑了。

金砖泥坯从秋冬之交装窑入膛，经过将近五个月的烧窑、窨水和冷窑，到出窑的时候，往往已是来年正月，甚至更晚一些。

　　这时，大地回春，一阳已复，江南又进入了立春、雨水和惊蛰、春分的时节，要开始动手准备又一轮的金砖坯泥了。

窨水：适量的水从窑顶慢慢渗入窑室，使窑温逐渐降低

水
磨
金
上

出窰

（2015 年）古法重制金砖四月焙烧窑温检测记录

天数序号	工序流程	温度（℃）			备注说明
		窑膛口	烟囱口	天脐口	
1		23	19	21	见烟不见火
2		26	21	23	
3		28	20	25	
4		29	22	26	
5		31	21	24	
6		36	22	23	
7		35	22	25	
8		37	21	25	
9		38	22	26	
10		39	23	25	
11		40	23	27	
12		44	22	28	
13	穅草熏一个月	43	22	29	
14		54	23	36	
15		56	22	39	
16		61	23	44	
17		65	26	48	
18		65	23	42	
19		80	26	50	窑室外风小
20		82	28	54	
21		90	30	60	
22		96	32	62	
23		100	32	66	
24		110	33	75	
25		110	32	67	
26		126	33	80	
27		130	38	76	
28		150	42	78	
29		160	50	68	开始拆除天脐口瓦棚
30		180	54	70	

烧窑奢水，一唱三叹

续表

天数序号	工序流程	温度（℃）			备注说明
		窑膛口	烟囱口	天脐口	
31		156	62	116	
32		160	67	113	
33		180	73	93	
34		210	82	114	
35		215	91	129	
36		235	103	150	
37		210	104	140	
38		200	103	125	开始封天脐口
39		200	107	132	
40		235	118	143	
41		220	112	150	
42	片柴烧一个月	250	132	167	天脐口完全封闭
43		280	140		
44		295	147		
45		279	144		
46		291	153		
47		294	154		
48		310	165		
49		300	152		
50		311	160		
51		301	163		
52		316	175		
53		310	175		
54		320	180		窑膛口砌砖五块高
55		330	177		
56		350	188		
57		380	205		
58		340	250		
59	棵柴烧一个月	310	220		
60		315	224		
61		335	230		
62		352	240		

天数序号	工序流程	温度（℃）			备注说明
		窑膛口	烟囱口	天脐口	
63		375	241		
64		378	244		
65		366	247		
66		348	246		
67		365	244		雨天
68		360	216		
69		368	211		
70		330	190		
71		321	180		
72		340	176		
73		355	165		
74		328	168		
75	棵柴烧一个月	335	176		
76		348	176		
77		381	183		窑膛口加砌两砖高
78		398	194		
79		397	192		
80		420	207		
81		.432	228		
82		472	241		
83		482	251		
84		471	254		大风
85		451	252		
86		456	256		
87		464	261		
88		487	271		
89		487	270		
90		490	272		
91		489	271		
92	枝柴烧一个月	476	271		烟道口加盖砖两块
93		421	268		
94		432	293		

天数序号	工序流程	温度（℃）			备注说明
		窑膛口	烟囱口	天脐口	
95		451	312		
96		464	313		
97		476	344		烟道口再加盖砖一块
98		481	356		
99		504	370		烟道口又加盖砖一块
100		508	374		窑膛口加砖两块
101		562	385		
102		548	386		
103		552	384		
104		582	394		
105	枝柴烧一个月	568	387		
106		548	364		
107		580	384		
108		580	385		窑膛口封闭，仅留小孔
109		634	405		准备煞窑
110		676	412		
111		461	376		
112		468	376		
113		640	397		
114		645	413		
115		673	423		
116		780	451		
117		846	489		
118		869	523		
119		902	545		
120		958	578		
121					
122					
123	窨水				
124					
125					
126					

续表

天数序号	工序流程	温度（℃摄氏度）			备注说明
		窑膛口	烟囱口	天脐口	
127	窑水				
128					
129					
130					
131	出窑				
132					

烧窑窨水，一唱三叹

检测数据差异不大，显微结构极为相似

用明清古法重制的金砖，严格遵循古代工序工艺，从取土到出窑持续整整一年，其中取土练泥三个月，泥坯阴干五个月，烧窑窨水四个多月。

从出窑后的外观上看，砖身细腻，光泽明显优于普通砖瓦，而景德镇陶瓷大学国家陶瓷产品质量监督检验中心对一角"乾隆二年"老金砖和一块"沥浆细泥"古法重制金砖的抗折强度、热膨胀系数和显微结构等的检测数据，更能表明恢复六百年金砖制作古法的成功。

从扫描电镜不同放大倍数下所拍显微照片来看，乾隆砖与沥浆细泥砖的显微结构是相似的；从综合热分析结果来看，乾隆砖与沥浆细泥砖在575℃左右都有一个比较明显的吸热峰；乾隆砖粉体热重分析结果也与化学分析结果中的烧失量数据比较吻合，表现出同样的规律；沥浆细泥砖的抗折强度测定值与乾隆砖很接近；乾隆砖的热膨胀系数测定值还明显大于沥浆细泥砖。

早在二十多年前就曾因帮助景德镇当地窑户尝试仿制御窑金砖而深入研究过金砖制作并发表了多篇学术论文的景德镇陶瓷大学教授、陶瓷材料研究专家缪松兰和窑炉技术研究专家徐乃平夫妇，二人在仔细比对了新老金砖的检测结果后认为，重制金砖"有些项目的检测数据已经超过了老金砖"，根据"只要数据接近差异不是过大就是成功"的原则，虽然不能断定重制金砖的质量已经超过了老金砖，

但从综合检测项目的数据来看，已经基本没有差别，"这说明用古法重制明清金砖成功了"。

附1 古法重制金砖和乾隆二年金砖的热分析测试结果对照

温度范围（℃）	平均线膨胀系数（1/K）
30.0 — 100.0	6.55E–06
30.0 — 200.0	6.24E–06
30.0 — 300.0	5.45E–06
30.0 — 400.0	5.53E–06
30.0 — 500.0	6.01E–06
30.0 — 600.0	7.64E–06
30.0 — 700.0	7.20E–06
30.0 — 800.0	6.91E–06

古法重制金砖表层热分析测试结果

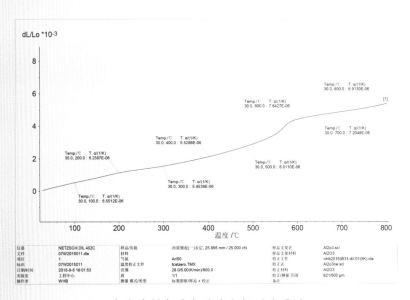

古法重制金砖表层热分析测试图谱

温度范围（℃）	平均线膨胀系数（1/K）
30.0 — 100.0	6.47E-06
30.0 — 200.0	5.54E-06
30.0 — 300.0	4.27E-06
30.0 — 400.0	4.51E-06
30.0 — 500.0	5.12E-06
30.0 — 600.0	6.73E-06
30.0 — 700.0	6.31E-06
30.0 — 800.0	6.04E-06

古法重制金砖里层热分析测试结果

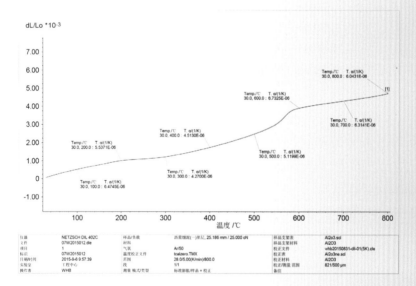

古法重制金砖里层热分析测试图谱

水

磨

金

土

烧窑窖水，一唱三叹

温度范围（℃）	平均线膨胀系数（1/K）
29.9 — 100.0	5.89E–06
29.9 — 200.0	6.55E–06
29.9 — 300.0	7.05E–06
29.9 — 400.0	7.47E–06
29.9 — 500.0	8.74E–06
29.9 — 600.0	11.8E–06
29.9 — 700.0	11.0E–06
29.9 — 800.0	9.41E–06

乾隆二年金砖表层热分析测试结果

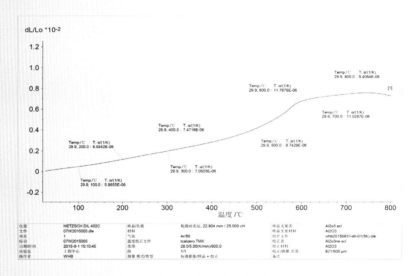

乾隆二年金砖表层热分析测试图谱

温度范围（℃）	平均线膨胀系数（1/K）
30.0—100.0	5.66E-06
30.0—200.0	5.91E-06
30.0—300.0	6.17E-06
30.0—400.0	6.52E-06
30.0—500.0	8.37E-06
30.0—600.0	11.4E-06
30.0—700.0	10.8E-06
30.0—800.0	9.82E-06

乾隆二年金砖里层热分析测试结果

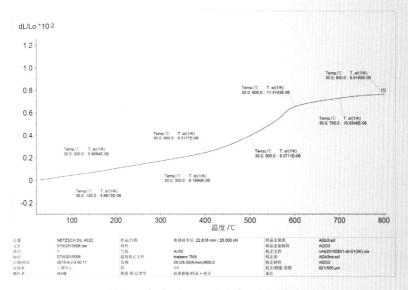

乾隆二年金砖里层热分析测试图谱

附2 古法重制金砖和乾隆二年金砖显微结构图对照

古法重制金砖 250 倍显微结构图　　乾隆二年金砖 250 倍显微结构图

水
磨
金
土

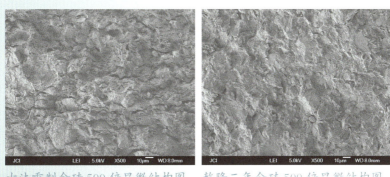

古法重制金砖 500 倍显微结构图　　乾隆二年金砖 500 倍显微结构图

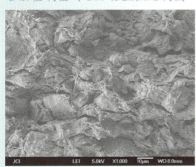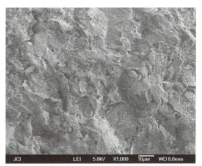

古法重制金砖 1000 倍显微结构图　　乾隆二年金砖 1000 倍显微结构图

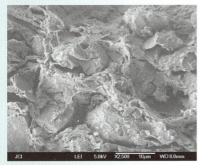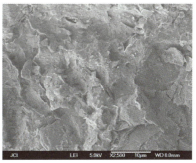

古法重制金砖 2500 倍显微结构图　　乾隆二年金砖 2500 倍显微结构图

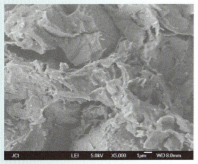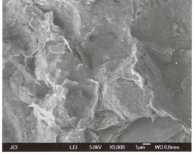

古法重制金砖 5000 倍显微结构图　　乾隆二年金砖 5000 倍显微结构图

心不离土身不离炉，眼不离火当下即我

堆垛完工之后，从点火烧窑到煞窑窨水，再到最后冷窑、出窑，前后需用时五个月；何况，点燃之后，煞窑之前，薪火不能断，窑温不能降，昼夜不能分，人窑不能离……金砖烧窑持续时间之长，令人震惊又充满困惑：一窑土坯，竟然要烧这么长的时间！

这是为什么呢？

砖匠和窑师傅们深谙其理：坯泥愈细，烧窑所需时间就愈长，烧窑活就愈有讲究。

烧金砖非但耗时，燃料也大有讲究。

金砖烧窑，不是用一种燃料一烧到底，而是用四种燃料——糠草、片柴、棵柴和枝柴，各烧一个月左右。

窑温由低到高，逐渐上升。

对应四种燃料，呈四个阶段：见烟不见火—小火—中火—大火。

仔细体味，更有刚柔相推、回转起伏的风采神韵：糠草、棵柴，火性温和，都属软火；而片柴、枝柴，火性刚烈，都是硬火。四个阶段，窑温逐渐升高，四种燃料，软火、硬火、软火、硬火，软硬相间，同中有异，循环往复，却有变易。

这种错落有序又反复渐进的体验，犹如听水磨昆腔，百转千回，又一唱三叹；亦如品墨运宣纸，毫动锋回，又顿挫有致；更如观太极拳掌，推引随机，又刚柔多节。

用四种不同火性的燃料，在四个多月的时间内，分别于四个不

同的焙烧阶段，在不同的温度和火势氛围之中，以反复渐进和回转起伏的过程，作用于堆垛有序的土料泥坯，这便是对金砖烧窑技艺的基本叙述。

在复原古法、传承文化的时候，我们常常会把类似于上述对某一工艺文化的描述语言当作工艺文化本身去理解并解读，即将这种菜谱式的工序叙述当作工艺文化本身，误以为只要认真地执行菜谱就能做出美味佳肴，只要严格执行古法工序就能重制出原味的金砖。

然而，复原烧窑古法的过程中，我们很快发现了下面的实际情况：

1. 煨坯时，需依据观察到的实时现象，辨识窑内温度和砖坯水分的排出情况，确认天脐口是否需要加封砖块。

2. 片柴烧窑的过程中，随着温度慢慢上升，为凝聚热量、把控温度，窑膛翻门上方，需用小青砖平砌筑高，卤腰的三个烟道口也需随实时火情来调节。

3. 棵柴烧窑时，亦需继续实时观察，适时砌高窑膛口的小青砖，调节卤腰烟道。

4. 烧窑进入第五个月时，卤腰烟道口的盖砖要不要挪移，移多少，盖几块，窑膛翻门上方的砖块要不要加砌增高，什么时候可以封堵，封堵后窑膛里的火势、火色会有怎样的变化，要不要动手煞窑，能不能开始窨水……这些都要根据实时的观察，迅速判断，并当即决定，随时动手。烧窑师傅必须每时每刻身在窑屋而心系窑膛，每时每刻眼观火势又手勤脚快，每时每刻心灵手巧还气定神闲。除继续适时砌高窑膛口翻门的小青砖外，还需要密切关注卤腰上的三条内烟道。

5. 煞窑前观火更是如此。烧窑师傅会透过观火口密切关注炉内的火焰，尤其注意其层次和颜色的变化，注意炉内火焰是否出现"回火"和"腻火"。"回火"是指窑炉后部靠近烟道的部分一旦升到足够的温度，窑门燃料口的火焰在流入窑炉后部后会回转到前面，出现"回流出来的火焰"。"腻火"是指窑温接近最高点的时候，火焰会出现如同金银融化时那般形神摇荡的样子，犹如烟雾一般"模糊发腻的火"。

6. 判断窑温是否足够且恰好，是否可以煞窑并窨水，还要观察并调控卤腰吸风口三条烟道的火势和火色，以及烟囱顶端窑烟和窑膛里灰烬的颜色形态。必须等到卤、炉、门，火、烟、灰，色、形、势等出现期望中相互呼应且吻合一致的现象时，才能封堵窑膛与外界的所有通风口，停止燃料供给。

7. 窨水过程中，窑工需要通过密切关注窑体之外的各种现象，比如已经封堵的窑膛冒出来的蒸汽的浓淡、位置等，来推断窑膛之内水火交战时所处的基本状态，随时辨识，随时动手，随时调整。

窨水过后是冷窑。窑室有没有冷透，里面温度怎样……古时候，没有测温仪器，窑工们是怎么判断的呢？隔着坚厚又封闭的窑炉墙壁，他们是怎么知道里面的温度，怎么判断是否可以开封出窑的呢？

没冷透就出窑，开早了，砖身受惊，会爆裂；冷透了却不出窑，开晚了，不仅表明观察判断有误，窑内砖块多有受损，还会影响下一窑的工期。因而，找到一个法子，准确掌握窑炉温度，判断是否可以出窑，也是窑师傅的一项基本功。

古时候，烧窑师傅的这项"看家本领"常常秘不示人，只在师徒间暗中相传。今天却一朝公开，看似极为简单的秘法中，也足以见出水磨金土和天人合一的大智慧。

用稻柴禾秆搓一条细绳，移动卤口封砖露一极小孔洞，再将柴禾细绳慢慢塞入，直至感觉触及窑室内的挡水砖……一段时间后，拉出草绳，看末端是发焦、发黄还是不见任何变化，便可明了是否可以出窑。

烧窑师傅当然需要熟悉整个烧窑过程，熟悉工艺谱序中的每一个环节和每一个细节，但是，这种熟悉都只是对概念的了解和对知识的掌握，至多是一种过往经验的积累或技能技巧的熟练，在实际烧窑过程中，如果过于依赖这种知识和经验，而忽视了实时的观察，不注重即时的判断，那么，以前的知识和经验非但不能转化为当下的实际技能，还有可能前功尽废、匠心顿失。

掌握金砖烧窑技艺的前提在于，用不断反复积累的经验练成娴熟的技能，熟悉工序工艺的所有细节。

——工到水磨，土才成金。

而金砖烧窑技艺的核心要领和生命智慧在于，在烧窑观火和烧窑窨水的每一个当下，用心运用积累起来的工艺技能。

——顺应天道，竭尽人事。

"工到水磨，土才成金"和"顺应天道，竭尽人事"，不只是一项工艺原则、一条文化规律，更不只是一个知识概念，它们实在是一连串有了深刻体验和熟练掌握之后的当下行动。

古法烧窑，工匠务必做到"三不离"——心不离土、身不离炉、眼不离火；用现代窑炉烧砖陶瓷器，在测定了原料的烧结温点、设定窑温曲线和焙烧时间过后，操作者就比较省心省事，完全无须"三不离"，况且，成品率还远高于传统烧法。

看多了现代窑炉里出来的砖陶产品，在惊诧于极高的成品率和一式性之后不久，多有厌离和空浮之心，细密会凝成腻味，齐整会变得呆板，一色会生起浮泛。而柴烧古法制成的砖陶，与人的心、眼似乎总有一种穿越了婆娑世界之色色空空之后的本然联结和一见钟情。

如果说这种本然联结和一见钟情是果，那么，烧窑师傅们在焙烧过程中无数次的"一连串有了深刻体验和熟练掌握之后的当下行动"就是这种果的因，而这种作为因的"当下行动"，或许才是所谓的工匠精神。

端正完全无燥纹，声如钟磬颜色纯

出窑后的金砖，要经过精心挑选，缺角的、破残的、颜色不正的、声音异常的，都要剔除。我们从清朝宫廷档案中可以知道，古代挑选金砖的标准非常高，须面背四旁颜色纯青、不见燥纹、毫无斑驳者，且端正完全，没有坠角，敲起来声音响亮，脆如钟磬，才算合格。因此，常常在三至五块出窑金砖中才能选出一块，有时甚至在数十块之中只选出一两块。

由于当时没有科学的手段和专门的工具对金砖的硬度和密度做测试，验收金砖主要依靠有经验的工匠。一些老工匠只要敲击几下，听听声响，便能基本判断出金砖的强硬程度。

有史料记载，为保证运送至京城的金砖的质量，朝廷对负责解运的官员定有严厉的处罚措施。看《两宫鼎建记》可知，明万历营建两宫时所需的金砖，其标准为"坚莹透熟，广狭中度"，而一旦发现有"色红泥粗，不中旧式"的，则要严加追究。

《清会典》记载，倘若运至北京的金砖被发现不是最精美，或者有破损断裂甚至不能用，那么解运的官员就要被罚，通常会罚去一年的俸禄，相关的巡抚、布政使也要被罚去六个月的俸禄。如果发现金砖缺边、缺角或有惊纹，也要责成解运官员赔偿。

一朴含藏万丽，一方镇定万宅

清末民初，当天还高皇帝却渐行渐远的时候，本属帝王专用建材的金砖，终于现身到了达官贵人和鸿儒巨贾家的亭院厅廊。只不过，这时的金砖已经不再是铺地的材料，而是成了一种特别的供奉——将一方质朴厚实的金砖配以古典雅致的木座，一枚看似平常的方砖，立刻成了一种厅堂屋室的文化陈设，成了一件足以镇定万宅的宝物。

说来也怪，木座加金砖，只需一方，就足以用它看起来并不惹眼的简明和稳实，给《牡丹亭》杜丽娘家一样的私家园林里那"朝飞暮卷，云霞翠轩""摇漾春如线"的满眼韶华和精致，以及"雨丝风片，烟波画船""观之不足由他缱"的遍地繁丽和小巧，平添一种截然迥异而又自然适宜的大气和厚重；只一方，就足以给偏于纤绮的园林，以及敷衍并飘扬其间的水磨腔调，在文化风韵的另一端，加上一个可以将虚实藏露、繁简曲直乃至世间万物都揽入人心深处的时空砝码。

于是，人们猛然发现，金砖有了一朴含藏万丽、一方镇定万宅的文化功能和美学特征。

百转千回作韵，精工细作是魂

如果将宋应星《天工开物》中有关普通砖制作的记载和张问之《造砖图说》提要中有关金砖制作的叙说做比较，就可以明显见出金砖工艺与普通砖制作工艺之间的差异。

普通造砖，虽然也需要掘地、验土和辨色，以"粘而不散，粉而不沙"作为上好土质的选取标准，但制作普通砖并不需要金砖取土、练泥过程中那些筛选、细磨、过滤、沥浆以及反反复复地扦勒踏揉的工序，或者说并不需要那么精细，反复的次数也不需要那么多，只须将数头牛赶入土堆，踏成稠泥。可见，"七转得土""六转成泥"是金砖练泥工艺中较为独特和精细之处。

普通砖的晾坯阴干，并不需要长达五至八个月的时间。

普通小型砖瓦的烧窑，按照《天工开物》所说，三百斤普通砖瓦烧一昼夜，六百斤则需烧上两天两夜。即便是大型方砖，通常烧窑时间也不过五六十天。而金砖，"先以糠草薰一月，乃以片柴烧一月，又以棵柴烧一月，又以松枝柴烧四十日，凡百三十日而后窨水出窑"。金砖的焙烧，交错使用四种不同火性的燃料，持续的时间又需四五个月之长，真是令人瞠目。

至于火候和窨水，《天工开物》说，普通砖瓦，"凡柴薪窑，巅上偏侧凿三孔以出烟，火足止薪之候，泥固塞其孔，然后使水转釉。凡火候少一两，则釉色不光，少三两则名嫩火砖，本色杂现，他日经霜冒雪，则立成解散，仍还土质。火候多一两，则砖面有裂纹，

106

水
磨
金
土

多三两，则砖形缩小拆裂，屈曲不伸，击之如碎铁然，不适于用"。

张问之《造砖图说》现已亡佚，其奏折等相关资料中也没有关于窨水和火候把握的详细资料，但从实际的焙烧经验来看，金砖火候的把握以及窨水数量和速度的掌控，虽流程与烧制普通砖瓦基本相同，但其时间的拿捏和技术的难度，都要远远高于普通砖瓦。

二尺二寸到极点，再加二寸是痛点

故宫太和殿铺墁的是多大尺寸的金砖？

如果事先知道金砖有三种规格，一尺七寸、二尺和二尺二寸，很多人会毫不犹豫地认定，太和殿里铺的金砖肯定是最大规格的那种，即二尺二寸。这个问题，甚至故宫里很多熟悉官式古建筑及其工程的工作人员，也这么认为；没有实地测量之前的我们，自然都一口咬定：最高殿堂里的金砖，当然是二尺二的啦！

直到我们有幸踏进太和殿，俯身近视，亲历实勘，才显出一脸的惊诧：64 厘米见方。这表明殿内金砖是用边款铭文中标示为"二尺"（64 厘米）、实际约为 67 厘米见方的原砖砍磨四侧而成的。也就是说，作为皇家建筑最高殿堂中的最高殿堂，太和殿铺墁的也只是二尺的金砖，并非二尺二寸。

再测保和殿和中和殿，也是如此。

史料有载，康熙十八年（1679）七月，北京大地震，紫禁城宫殿多处被震坏震伤。当年十二月，太和殿又失火，大火由御膳房起，乘风势延及金銮殿。

太和殿立时化为焦土。

众多宫殿的修缮和营建，自然需要大量的金砖。于是，康熙二十九年，下令江宁巡抚烧造二尺金砖 1490 块，一尺七寸金砖 1159 块。

太和殿的重建，是在被毁整整十五年之后，康熙三十四年二月动工，至康熙三十六年七月竣工，历时两年半，共用二尺金砖4780块。

现在我们看到的太和殿金砖，就是三百多年前的那次重建时铺设的。

现场实测加上史料印证都表明：

1. 即便是三大殿这样的皇家建筑最高殿堂里，铺墁的都只是二尺金砖，而非最大尺寸的二尺二金砖。

2. 康熙年间重建太和殿等皇家要殿，工部下文烧造时就只造了二尺和一尺七寸两样金砖，并无二尺二寸金砖的烧造任务下达。

那么，问题来了：这是为什么呢？

为什么金銮殿里不铺二尺二见方甚至更大尺寸的金砖呢？

张问之在他的奏折《请增烧造工价疏》的开头便说："臣近以营建宫殿，奉敕前来南直隶苏州府等处督造二样细料方砖。"他在之后叙述细料方砖烧造的艰难时又说："况阔及二尺二寸、一尺七寸，复欲出完全端正、声音清响、色道纯白，故常取一而费四五。"

这里表明两点：一是在明朝嘉靖前后是有二尺二寸的细料金砖烧造的；二是烧成二尺二寸的细料金砖十分困难，成品率常常只在两成上下。

乾隆四年（1739）六月初九，江苏巡抚张渠在他奏请开销副砖价值一折中说，金砖砖身重大，烧造甚难，除了做坯阴晾大费人工外，还需几个月的烧窑时间，而且，倘若窨水稍有不到位、火力不均匀，出窑之砖就会质地生脆、颜色发黄，成为废品，能用来铺地的往往十不得一二，有时竟会出现全窑无一砖可用的情况。因而，当时陆墓的窑户都将金砖烧造视为畏途。

从以上两份奏折中可以知道，自明至清，大尺寸金砖的烧造始终是陆墓砖匠窑户们的难题，通常情况下，没有皇帝旨意、工部令文，不烧。

这样看来，为什么金銮殿里铺的是二尺砖而不是二尺二甚至更大见方的金砖，这个问题似乎可以在工艺上找到解释了。

做砖的泥料分粗细。粗料细料在工艺上的核心区别，要而言之，在于是否沥浆。

就是说，在掘、运、晒、椎之后，如果继续细土，即春、磨、筛，加水搅拌后，还要滤沥澄浆，那便是细料；如果晒、椎后不再细土，不沥浆，加水搅拌后直接扦踏，便不称细料。

金砖是细料砖，因而是需要沥浆的。

沥浆的功用是使泥料密实又细腻，但沥过浆的泥，黏性大失，用来做砖，则小件易作，大砖难成。做砖弄土，烧造成器，砖身体量愈大，成形成品愈难；沥浆过后，更是如此。

阳澄湖畔的泥土黏性极重，不沥浆，做出并烧成超过三尺见方的大砖，都不属奇事。但一旦沥过浆，成了细料，即使过得了八月晾坯的关口，等到四月焙烧的时候，虽然成就一尺七寸小金砖尚非难事，烧出高成品率的二尺中金砖还属常态，可面对二尺二寸见方的大金砖，就算窑师傅们技艺娴熟高超又全心全力以赴，也会时不时地显得力不从心，时不时地有十不得一二的开窑沮丧。

二尺见方到二尺二寸之间，或许正是陆墓的砖匠窑工们，数百上千年来，在经历了百转千回和百炼千锤之后，在细密和宽大之间拿捏到的一个存于弄泥和做砖之中的分寸节点，是在天道和人事之间寻觅到的一个关于细料和方砖之间的黄金极点。

金砖工艺是由砖匠窑工与泥土气候的关系转化而成的一系列变土为金的工序和技法，它本质上体现的是人与天道自然之间的关系。变土为"金"的"炼金之术"就是在这种关系中拿捏好分寸，寻觅到极点；假如执迷于人定胜天，或着意于自流无为，都找不到真正的"炼金法则"。

据说，慈禧曾要工部下文为自己的定西陵烧造二尺四寸见方的金砖。这一要求僭越的不仅是历代帝王的建置规制，也超出了陆墓窑工的工艺上限，更践踏了天道冥灵的金科玉律。人心常常如此，水火不济的当口，心比天高，气冲九霄，人定胜天，万物皆我所役，而这时，上天给予的回报，常常是一抹饱含深意又似是而非的微笑。光绪年间，多的是大规格甚至超大规格的金砖，不明就里者，会误以为它们是盛世荣光的焕发和展呈，殊不知，从不少光绪金砖破损断裂后的侧面一眼便能看出，这些所谓的金砖，精细程度严重不足，而且用的多不是上细的泥料，有的砖甚至还有疏松多孔的断面。

满足过于炽热而膨胀无度的人心欲壑，最好的方法就是填以看似坚硬密实的疏松和空洞。

《造砖图说》存目提要中说，嘉靖年间，有金砖窑户因不胜烧造之累而自杀。对此，张问之《请增烧造工价疏》有更详细的述说：烧造金砖因工序繁多、工艺复杂，极为艰难，又因质量要求严苛，窑户总是谈"金"色变，因为每次烧造都会赔本贴钱。张问之在奏折中说，长洲窑户每户分到金砖三百多块，如果每块赔银七钱，那么每家就至少得赔银二百一十多两。更有甚者，有官家管办之人，竟然取民间所用的粗砖为准衡而定为金砖的烧造工价。由于民间粗砖与细料砖相比，所耗人力和工艺都相差数十甚至上百倍，因而，听说工部令文已下，又要来造金砖，窑户纷纷望风而逃，以致督造官张大人根本无法用所谓牵连之法予以追究，而且，接下来的招复、处置、督责等都极为困难。

嘉靖年间苏州人陆粲的笔记《说听》中有这样的记载：陆墓窑户钱鼎，深知金砖烧造的艰难且又是赔本的苦役，就带了官家预付的银两，遁走南京。到了那里，亲友不敢让他居留，他只好又到丹阳，丹阳的亲友也同样不敢收留，他只好投奔无锡的一位朋友，在那里住了几个月。临到年终，跑回家，他负官银潜逃的讼事算是刚刚了结，但大儿子在他外逃期间已经离世而去……

一部金砖的烧造史，就是一部明清王朝的兴亡史。

明清两朝继承了开国帝王之基业的那些皇帝和大臣，在他们叩问苍天大地、祈求子孙永保的时候，在他们谈经论法商议如何经营百年之基业、如何治理国事和民生的时候，他们脚下所踩踏的，全都是一方又一方铺陈得严密平整而又稳重厚实的产自苏州的细料金砖。

　　细料、金砖，二尺到二尺二之间，是古代陆墓人痛苦又无奈的一个极点，却成了现代苏州人荣耀和骄傲的一个基点。从永乐至宣统，苏州陆墓的这块细料方砖，含藏的不仅是江南的温水润土和精工细作，更是明清王朝和中国历史整整五百年的荣辱和兴衰，也是陆墓乃至苏州工匠百姓们整整五百年的喜怒哀乐和血汗智慧。

　　细料、金砖，二尺到二尺二之间，是今天陆慕人荣耀和骄傲的一个极点，却只是古代苏州人痛苦又无奈的一个基点。

天道人事须当真，美其名曰子虚闻

金砖因为铺在皇家建筑的主要宫殿里，在古代有江山永固、基业安稳的象征含义，所以历来受到帝王及其建材采办者的高度重视，他们对金砖质量的要求近乎苛刻。这种对砖的高标准和严要求给苏州窑户民工带来了数百年的劳役和苦难，却也成就了相城百姓一项引以为豪的国家级非遗——苏州御窑金砖制作技艺。

金砖制作工艺以精工细作为特点，包含六转得土、七转成泥、八月成坯和五月焙烧等工序，同时蕴藏着顺应天道、竭尽人事的工匠精神和生命智慧。现在，只有用这种古法工艺制作而成的大型细料方砖才能称金砖。

作为古金砖产地的相城，民间有把所有大方砖都叫作金砖的习惯，这在当今苏州甚至江南地区的古建砖瓦市场中早已约定俗成。但需要提醒的是，这样的场合和语境中所说的"金砖"，其实只是古建筑中铺地用的普通大方砖或大青砖的"美其名曰"而已，在工艺和质量意义上并不是真正的金砖。

水火阴阳相济，土木成金真谛

相较于普通的铺地方砖，金砖的精致细腻使得它的制作非常耗时耗工，生产成本极为高昂，所以，除了故宫等极少数要求使用原工艺、原产地材料的皇家宫殿，现在对古建筑的修缮一般不采用古法金砖。但是，这并不表明可以丢弃制作金砖的古法。

金砖制作技艺是一项非物质文化遗产，我们今天要传承它，其核心并不仅仅是用它的工序和工艺制作出作为物质的、可观可用的砖块，而且要体验并延续制作金砖过程中含藏的非物质的工艺真谛、文化内涵和生命精神；实在地、严格地用古法制作金砖，在生产出具有明清原味神韵的金砖的同时，去体会古人"工到水磨土成金""水火相济，变土为金"和"顺应天道，竭尽人事"等工匠精神。

有了这种体验，做出来的砖不再只是一种建筑材料，而是一种文化产品，甚至，用它做金砖茶台或摆设的时候，具有一朴含藏万丽的美学特征和一方镇定万宅的神奇功效。

有了这种体验，才可能实实在在地拥有真诚和智慧去做砖、做工、做事和做人，而不只是急功近利的迷金一族。

金砖制作工艺的奥秘就是，根据土性物理的生克，将练泥、晾坯和烧窑等每道工序，与时序节气的转换、空气温度和湿度的变化，以及火功水能的相济等宇宙事物规律，依凭可观、可感的实践经验，做最大程度的契合，即所谓"工到水磨，土才成金""顺应天道，竭尽人事，土窑方出金砖"。

看来神奇而神秘，实则简明又简易

《金砖制作天道人事图》是在复原金砖古法的过程中，查阅了可信的史料，并经过多年试验成功之后，水到渠成的工艺经验总结和文化理论提升。因此，这张图虽然看起来有点玄妙而神秘，实际上却非常实在又简易。它借用了中国古代儒家学说中的阴阳五行观念和《易经》中的卦相爻符，对金砖制作工艺做了通俗易懂的解释，而且带有较强的示意性质。

图中的五个圆圈，其实只有两层含义：人事和天道。最外边的三个圆圈分别用图和文字表示人事，即金砖制作的工序工艺；里面

金砖制作天道人事图

的两个圆圈用《易经》卦象和文字表示天道，即一年十二个月和二十四个节气。中间的方块代表金砖，方块里面的阴阳鱼图案和金木水火土等文字说明了金砖制作是五行生克、水火相济而变土为金的过程和结果。

整幅图的圆圈和方块一起，表达了下面的意思：

金砖制作繁复精细，有三四十道工序之多，制作周期需历时整整一年。

金砖制作的全部奥秘就是，根据土性物理的生克，将每一道工序都与一年中时序气候的转换以及空气干湿的变化，做最大程度的契合，即"工到水磨土成金"和"顺应天道，竭尽人事，方土窑而出金砖"。

需要说明的是，《易经》是把阴历的十一月（冬至之月）作为一阳来复之月的，但我们考虑到金砖制作是匠人们根据具体直接且可观可感的"气象"呈现而从事练泥做砖的实在劳作的，并不是要学著占巫者或卜星相师的样子去测定南北回归线的基线极点，所以还是将立春之月作为复、临、泰、大壮、夬等十二月卦象符号的起始之月，这样，可能看起来和理解起来都比较简明又简易。

我的内心也在炼一块金砖

就材质而言，金砖就是细料方砖，只不过它是皇家建筑要殿地面铺墁的一种特供。明代永乐年间，明成祖朱棣迁都北京建造紫禁城，陆墓砖窑因其烧制方砖质量优良，被朝廷看中，窑场成为"御窑"。在此之后明清统治的五百多年时间里，陆墓镇是皇宫烧制金砖的唯一指定窑区，陆墓镇也因金砖而闻名，直到宣统帝退位，金砖退出了历史舞台，御窑金砖技艺也流散到民间。

2013年12月，首批按古法重制的金砖烧制成功出窑；2014年1月，御窑金砖制作技艺首次晋京展呈；2015年，严格遵循古法重制的金砖被送到景德镇陶瓷大学国家陶瓷产品质量监督检验中心，与乾隆二年款的古金砖碎片做比照，结果是基本成功；2016年2月送故宫博物院再次检测，结果是无论外观色泽和平整度都已达古金砖标准。

《请增烧造工价疏》让古法重制金砖有了史料依据

苏周刊：2008年，您开始用古法原汁原味地重制金砖，当时是怎么考虑的？

金瑾：从历史上讲，1911年宣统帝退位后，金砖也就此消失于历史舞台，古法烧制金砖停止了。然而，金砖的制作技艺却散存到了民间。因烧制成本实在太大，窑业衰落，渐渐地，金砖制作技艺濒临失传。20世纪80年代末，故宫大修所需要用的砖，是父亲和工匠们用当时口口相传的传统技法烧制出来的，也花了很大功夫。这应该算是古法烧制的初始阶段。我既然接了这个传承的班，就一直在想，完全意义上的给皇宫里做的金砖，它的工艺到底是怎样的？我们还没真正做过，我们有这个责任按照古法原汁原味地把金砖复制出来，并把这项技艺传承下去。

苏周刊：从哪儿着手呢？

金瑾：先找史料依据。两年的时间我们都在搜集资料，但造砖的资料极少，我们发现明代嘉靖年间有个金砖的督造官——工部侍郎张问之，他曾经在苏州陆墓三年，督造五万块细料方砖。他写过一份奏折《请增烧造工价疏》，内容是为陆墓的烧砖工匠向皇上请命增加工钱。因为当初张问之来督造细料方砖的时候，陆墓御窑村及周边的窑工都逃走了，原因是烧这种砖很费劲，但工价却按普通砖来算，且烧不好还要受罚。张问之在这份《请增烧造工价疏》奏折里把此砖的制作过程做了详细说明，还配了图。后来，这份奏折被刊刻成一部书，叫《造砖图说》，乾隆时还存目于《四库全书》。但现在这本书早已不知所终。我们就想到，张问之是哪儿的人呢？查到他是河北省庆云县人。这样的名人肯定会进入地方志。果然，在咸丰时修的《庆云县志》中查到了张问之的小传，其附文就是《请增烧造工价疏》，可以说制砖的技艺都在里面了。史料依据有了，接下来就是对照这份奏折中所述的金砖制作工序，逐一解读、研究、实践试验、再思考，尽力理解每一道工序的功用、特点、分寸等。

金砖"一朴含藏万丽"

苏周刊：作为向皇宫进贡的细料方砖，到底与普通方砖有什么

不同？

金瑾：中国的砖瓦烧制技术，到宋代已经相当成熟了，宋应星《天工开物》中有普通制砖的记载。明清御窑金砖，就其质地看，其实是一种高级精致的青砖，基本工序与普通青砖大致相同。在明代，金砖就被称作细料方砖，但是因为金砖为明清皇家专用，所以即使是残次或废弃的金砖，也不可随意流到民间，须由官府严格管理。而金砖铺设的地方是宫殿、坛殿和陵寝这三个皇宫重要部位。御窑金砖要经过八个流程、二十九道工序，其制坯程序之细、烧造技艺之精、用工费力之多、生产周期之长、标准要求之高，加上成品率之低，使得这种细料方砖看似与普通青砖无异，实则工艺精细程度相当悬殊。这种差异让人吃惊，却正是御窑金砖的工艺价值所在。

如果我们拿宋应星《天工开物》中有关普通制砖的记载与张问之《造砖图说》中有关金砖制作的叙说做比较，就可以看出普通砖与金砖制作工艺的差异。

普通制砖，虽然也需要掘地、验土和辨色，以所谓"粘而不散，粉而不沙"作为上好土质的选取标准，但普通砖制作并不需要金砖取土过程中的那些筛选和细磨工序，也不需要练泥过程中的那些澄浆和晾晒技艺，只需将数头牛赶入土堆，踏成稠泥。可见，"七转而得土，六转而成泥"是金砖制作工艺中最为独特、最为精细之处。而普通砖也不需要碾轧、捶击，更不需要长达五至八个月的阴干。

普通砖的烧窑，三百斤普通砖瓦烧一昼夜，六百斤也只需烧上两天两夜就可以了。而金砖，"先以糠草薰一月，乃以片柴烧一月，又以棵柴烧一月，又以松枝柴烧四十日，凡百三十日而后窨水出窑"。要烧四个多月，一刻不停地烧，一、三种燃料属于软火，二、四种则属于烈火。软硬软硬，就像打太极拳一样，打打收收，推推引引。最后为什么要用树枝烧？因为用当年的树枝烧后有油析出，正好会渗透到砖坯里，相当于给砖上了层釉。

张问之《造砖图说》中并没有关于如何把握火候和窨水的说明，但从实际焙烧经验来看，金砖火候的把握和窨水数量、速度的掌控，虽流程与普通砖瓦烧制基本相同，但其时间上的拿捏和烧制技术的难度，都要远远高于普通砖瓦。

所以金砖制作工艺与细腻绵长、一唱三叹的昆曲，还有九曲回肠、曲径通幽的苏作园林是异曲同工的。在它的打磨过程中，在它进窑烧制的过程中，精极细至，体现的都是一种水磨功夫。只是昆曲和园林因文人的参与而闻名遐迩，而金砖却在无意识中用它的朴实无华比肩绝艳的昆曲和惊世的园林，真可谓"一朴含藏万丽"。表面看它只是一块极其朴实的东西，其实包含着天地万物与人的生命精神等许许多多的深意，焕发的是中国传统文化中以简驭繁、以实约华的美学效果。

重制金砖的过程也是历练人生的过程

苏周刊：2013 年 12 月，首批用古法重制的金砖成功出窑。其中的酸甜苦辣能讲讲吗？

金瑾：应该说这次的砖坯完全是按古法制成的，而且用了沥浆工艺。史料记载，制作过程中是有沥浆这一道工序的，我父亲之前也多次试过，沥过浆做出来的砖坯的确光滑、细腻，但这种砖进窑烧就会酥或裂，没有一次成功过，所以他们做的细料方砖是没有这道程序的。尽管他们反对，但我们还是坚持要试。我们发现可能是沥浆过的泥土黏性下降导致的，所以我们专门成立了金砖车间，就用纯手工，数百次地扦、甩、踏、揉，练成细密黏实全无气孔的砖坯。这批砖一开始和其他普通青砖放在普通窑里，用一种烧料烧 45 天，成品率不是太高。2014 年又试过一次，完全按古法花四个月用四种燃料烧，成品率极高，二尺二寸规格的金砖成品率稍微差些，但一尺七寸的砖基本全烧成。2015年和2016年分别用两个半月和42天时间各烧过一次，也是用的四种燃料，结果并不理想。今后可能还要试，目的是寻找一个最佳的烧制方法。在烧的过程中，我发现与老师傅们的沟通、分寸的拿捏也很重要，他们不听你的，你硬要这样，他们有情绪，这窑火也烧不到位，所以整个过程中体会到了顺天道、尽人事。

苏周刊：古代受工具和技术的限制，可能只能这样，现代的科学技术难道就不能突破吗？

金瑾：我们试验了多次，并做比较，我们也在探索是否可以适当适时地融入一些现代化的手段，而核心的技术是一定不能用现代手段来替代的。比如我用电炉来烧，但解决不了窨水的问题。"水火相济，变土为金"，用电炉烧，只有火的热量，少了水，实际是将它文化的内核去掉了一端。这也是非遗传承的一个原则。

苏周刊：2015年，你们将严格遵循古法重制的金砖送到景德镇陶瓷大学国家陶瓷产品质量监督检验中心去检测。送检这段时间的心情紧张吗？

金瑾：我们还同时送了一块乾隆二年款的金砖碎片，是去做比照检测的。紧张是难免的，但也蛮淡定，不行的话再试呗。其实这种淡定感，还因为我觉得是在享受这一过程。这一过程中有很多的生命体验，也生出很多生命智慧，对我人生更是种历练，在这个传承工艺的过程中，其实我内心也在历练一块金砖。

苏周刊：检测的结果是什么？

金瑾：新金砖在抗折强度、热膨胀系数、真密度、耐磨性和显微结构等方面，有一些数据超过了老金砖，有一些稍微少一点。但专家解释说，这也很正常，超过不一定就是质量高，不到也未必就差，因为中间有人类无法超越的东西——数百年的时间。结论是基本成功。后来我们再送到故宫博物院去做检测，专家的鉴定结论是：无论外观色泽还是平整度，都已达到了古金砖的标准。

是精工细作工艺文化的传承，更是生命精神的传承

苏周刊：恢复古法制作金砖的过程中，最大的感受是什么？

金瑾：我们体验到了制作工艺的精细，需要经过取土、练泥、制坯、烧窑、窨水等二十九道工序，这种以反复和精细为特点的工艺，是陆慕窑民心血和智慧的结晶，是苏工苏作的精、气、神所在，是中国传统工艺韵味的典型，也是御窑金砖所以成为非遗的价值所在。更重要的是，我们领悟到了御窑金砖所含藏的生命精神。所以我们的传承，既是精工细作的工艺文化的传承，更是生命精神的传承，即对天道的敬畏和对生命的真诚。

苏周刊：前者好理解，后者怎么理解呢？

金瑾：制砖的这二十九道工序，以前我们总认为只要每一步做到就可以了，我们在试验的过程中慢慢发现，每个步骤和一年中的节气是密切相关的，你马虎不得，且环环相扣，一道不到则前功尽弃，所以必须根据土性物理的生克，将每一道工序都与节气的转换、空气湿度的变化以及火功水能的相济等自然规律做最精细的契合，所谓"顺天道，尽人事，方土窑而出金砖"。

举个例子。泥坯差不多要在谷雨前后做好，且一定要晾满八个月。一年之中，空气中的水分变化是有规律的。从谷雨开始，气温慢慢升高，到大暑时达到最高，再慢慢变凉，秋分时秋高气爽，差不多就晾好了。必须在这个时期，必须经过这么长时间，才可以彻底晾

干，不然即使之前的坯做得再细、再结实，不经过半年多时间，也不可能干彻底。而且必须在室内晾干，有些人心急，放在大太阳底下，也不行。这一阶段，护坯的工匠要时刻关注坯和实时的天气状况，就像呵护婴儿一样，什么时候翻转、拍打，包括门窗的开合程度等等，都要无微不至。你的精力和砖的生命与天气状况完全融在一起，只有这样去做，才能把一块金砖做出来。

我们经过不停地试验，不停地总结提炼，创绘了《金砖制作天道人事图》，这也是我们作为现代人重制原味金砖必须遵循的核心依据。

团队合作会让非遗传承之路越走越宽

苏周刊：2016 年 7 月，你们将有关金砖的基本概念、历史渊源、工艺流程、文化内涵以及对金砖这一非物质文化遗产体现出来的生命精神的体悟集结成《御窑金砖》一书，目的是什么？很多非遗技艺是秘不传人的，出了书，不是很多人都会去制作金砖了吗？

金瑾：其实，所谓的秘方或秘诀一旦公布后，大家会觉得就这么回事，并不神秘。我说过，我们制作金砖最大的秘密就是没有秘密，但如果不能顺天道、尽人事，是不可能做出真正的金砖的。我们文化传承到底传承的是什么？就是为了让大家来分享优秀的文化。优秀文化遗产是全人类的遗产，并不是某一个人、某一个家族、某一个地域的私产，是可以大家共享的，这也是文化传承的精神。如果有人愿意花一年甚至更长的时间去制作一块金砖，他愿意把精力投身于这份文化事业，做出来的东西比我们更好，我们不仅会表示欢迎，更会感到欣慰。非遗传承不是正需要更多这样的人来加入吗？

对文化的态度，主要取决于对生命的态度——是开放还是封闭只求索取的心态？是前者，你就会觉得幸福。优秀文化会给我们带来开放的生命态度，这也是我在重制金砖过程中的一种感悟。对生命要真诚，这个真诚不是我直接送给你，而是在追求自我价值实现的同时，与人分享，并帮助他人，建立起人与人之间和谐的关系。金砖的传承工作要由团队分工合作协同并进来完成，也是基于这种精神上的领悟。整个过程就是顺天道、尽人事的过程，从中体验到一种生命精神，练就一种生命智慧和生命文化。

苏周刊：是不是因为金砖的制作过程需要经过这么多的工序和这么长的时间，相比别的非遗传承更需要团队的合作精神？

*金瑾：*从理论上来讲，所有的非遗工艺的传承都需要这种分工合作的形式和精神在里面，只是金砖作为苏作工艺的一项典型代表，可能更能够明显体现出这种传承的形式。非遗如何来传承？可能因为我们制砖的工序比较多，我的体会也更加深刻。现在很多非遗传承人都会面临后继乏人的困境，作为非遗传承人，传承的不仅是技法，更是文化，而这种文化的传承，只靠一个传承人单打独斗或家庭传承是不够的，需要一个团队，靠团队精神来完成。里面有传承人，有文化发掘研究的学者，有技艺工匠，分工合作。传承人一定程度上是这个团队的主持人。这样会使非遗传承的路越走越宽，也更持久。

（原载《苏州日报》2017 年 3 月 10 日《苏周刊》，记者黄洁）

紫禁城再勘金砖

泪眼蒙眬心恍惚，金銮殿里故人哭。
百年犹见初身面，如梦如真舞手足。

侬是君王我种菽，我烧窑作侍侬屋。
一腔水磨惊天啸，百转千回动地呼。

金砖重制工成感怀

抖落百年尘埃

看金砖朴艳重来

风韵犹在

睹巅峰原来

水磨神采

人事今又再

叹土窑息脉

江南姿态

阳澄襟怀

我心不霾

照彻天道未来

奉皇天

蔽日窑烟千万年，曾擎后土奉皇天。

莽莽银汉金轮转，碧瓦青砖云自闲。

馒头土窑，水火相济

惟人也，得其秀而最灵，形既生矣，神发知矣。

五性感动而善恶分，万事出矣。

——《太极图说》

圣，诚而已矣。诚，五常之本，百行之源也。

——《通书》

金砖是顶级的细料砖，属青砖，烧制金砖的窑就是烧制青砖和青瓦的土窑，即"馒头窑"。现在苏州地区烧制青砖青瓦的土窑，正是明清时期烧制金砖的江南常见的馒头窑。

江南农村的砖瓦土窑通常由窑户或专门的盘窑师凭祖传技术或累积经验砌筑而成，包括窑身、窑膛、烟囱和窨水池四大部分。

窑身

馒头形土窑的窑身内腔犹如穹窿，四周墙壁用小青砖砌成，外用泥土覆盖。

窑体底部即窑床，也用小青砖铺砌。窑床呈缺月形。一次可装八九百块大型方砖的大窑，窑床直径在 6 米左右，窑底到窑顶高约 8 米。

土窑炉膛的入口，也是燃料和砖坯的进口，在窑体正面的底部。

囱腰有一个吸风口，三条烟道从窑床底部一直通到囱腰的吸风口。吸风口用方砖做盖板，控制烟流。

左：土窑窑顶有一块田一样的洼地，四周略为隆起，称"窨水田""窨（润）水池"或"湖塘"。

右：池田中间留一孔洞，连通窑炉内外，称"天脐"。

窑膛

土窑炉膛的入口，也是燃料和砖坯的进口，在窑体正面的底部。烧窑时，炉膛口（或称"窑门口"）需设一块堆放燃料的平板（俗称"翻门"），下面有一个灰火栅栏。

炉膛口的前面是一间傍着窑身的屋室，主要用于堆放燃料，称"窑头屋"。

烟囱

窑体背面中间正对窑膛口的地方，是一个顶高 12 米左右的烟囱，也用小青砖砌筑。

烟囱下半部，也是窑体的外壁，是三条互不相通的烟道，底端连通土窑内腔。

囱腰有一个吸风口，三条烟道从窑床底部一直通到囱腰的吸风口。吸风口用方砖做盖板，控制烟流；囱内的三条烟道也各有盖板，压盖或开揭这些砖块就能调节烟火和窑温。

窨水池

土窑窑顶有一块田一样的洼地，四周略为隆起，称"窨水田""窨（洇）水池"或"湖塘"。池田中间留一孔洞，连通窑炉内外，称"天脐"。

烧窑时，炉温初起，渐渐升高，窑顶天脐也随之逐步封堵。煞窑窨水时，往池中灌水，水就会通过窑顶的泥层下渗到灰层，再到砖层，最后到窑炉内腔顶部。

土窑在江南很常见，因为整体形状像馒头，当地亦称之为"馒头窑"。

水磨金土

江南处处有土窑，金砖青砖一窑烧

有人说，古时候烧金砖用的窑并不一定是现在江南还能见到的馒头土窑，复原金砖制作的古法，烧窑时使用馒头土窑，这有什么依据吗？

金砖是细料砖，属青砖，或者可以说，金砖就是青砖，是做工精细、质量上乘的顶级青砖。因而，烧制金砖的窑当然就是烧制青砖和青瓦的土窑。

砖瓦在古代是常用的建筑材料，因而土窑在江南很常见。由于土窑整体形状像一个馒头，当地亦称之为"馒头窑"。

说古代烧青砖、青瓦的窑就是这种江南常见的馒头窑，其主要信史依据是明朝宋应星《天工开物》第七卷"陶埏"所描述的烧制砖瓦的过程，以及明朝金砖督造官张问之《造砖图说》所记载的烧造金砖的工序。更直接的依据是，《天工开物》在描述各类技艺的同时配有大量插图，其中的《砖瓦济水转釉窑》图上所画的砖窑，正是现在苏州乃至江南地区烧制青砖青瓦的馒头形土窑。

江山永固之象征，居安思危之警示

金字含义多有臆说

对于明清皇家要殿里铺墁的大型方砖为什么称"金砖"，今天的人们多有臆测，而少做实情的了解，更不见文化性的考察。

比如，有人解释说，之所以叫金砖，是因为其质地密实细腻，敲起来有金石之声。这种说法听起来有理，却少了对实际情形的验证。

熟悉砖瓦陶艺的人多不认同这种说法。因为他们知道，即便是粗砖陋瓦，只要焙烧时火候适度、窨水到位，又出窑不惊，没有较大的砖面裂缝，敲击时都会发出金石般的声音。金石声是验收所有砖瓦质量时一个共同的基本标准。

于是，问题就来了：那些同样会发出金石之声的普通方砖和青砖、青瓦，他们为什么就没有被称为金砖或金瓦呢？

也有人说，因为这种砖是运往京城京仓供皇家专用，所以叫"京砖"，"金""京"发音相近，就逐渐演变成了"金砖"。

这种说法的猜测臆断程度似乎比金石之声说更高，更不可信，它完全没有史料依据，纯属臆测。明清宫廷档案中，只有"金砖"记载而不见"京砖"之称，何况，明清数百年，运往京城的物品中，为什么唯独这种大方砖要以"京"相称并最终以"金"命名，而其他成百上千的晋京土特产和工艺品没能获此殊荣呢？

还有人说，因为专供皇家的细料方砖的制作工艺极为精细，花费成本巨大，一块金砖的价格相当于一两黄金，所以会有"金砖"

之称。

关于金砖的价格，好在有案可稽，古代宫廷档案中有明确记载。比如，清朝乾隆二年（1737）工部规定的每块金砖的准销价是这样的：二尺二寸正金砖九钱一分，副金砖六钱三分七厘；二尺正金砖四钱九分四厘八毫，副金砖三钱三分三厘八毫八丝；一尺七寸正金砖四钱八厘七毫，副金砖二钱七分七厘。

显然，只有二尺二寸正金砖的价格才接近一两银子。这样来看，勉强可说"一两白银一块砖"，似乎称"银砖"更为准确，为啥偏偏要叫"金砖"呢？

这三种说法听起来似乎都很在理，可以作为非定义性、非概念性的游览玩乐的解说词，民间多能理解，大众多可接受，但作为对金砖之"金"的学术文化溯源和发明，显然多是牵强附会，经不起推敲，也不够严谨认真，缺少科学态度。

儒学核心中融入了阴阳五行

紫禁城等皇家宫殿建筑的布局设计和营造用料，其主要依据是新儒学之阴阳五行学说。

新儒学形成于宋代，其阴阳学说的核心思想源于先秦甚至更早，它认为世界万物都有相互对立而又相互依存的阴阳两面，阴阳互动，相推而又相济。比如《周易·系辞》有"刚柔相推而生变化"的说法，《道德经》有"万物负阴抱阳，冲气以为和"的叙述，《黄帝内经》则说阴阳为天地之道，是万物之纲。

阴阳学说认为，事物的两面看似矛盾对立，实际上，正是这两股看似矛盾对立的力量，相互推动、相互激荡又相辅相成，引起了世界万物的生息变化和迁移流转。

在阴阳学说之外，新儒家又揽入了五行理论。

单是阴阳为万物纲纪的理论还不足以理解事物现象间的相互关

系和变化过程，于是，古人逐渐发展出来一种朴素的观念，即用金、木、水、火、土五种构成宇宙万物的基础物质属性，来推演并解释事物的相生相息和万千变化。

金，是指物质的坚固性，凡是坚硬、凝固的事物都有金的属性；木，则代表事物的生长力，事物像草木一样具有强力的生命功能，被称作具有木的属性；水，指的是物质的流动性；火，指热能；土，指承载万物于其上生息变化而自身也参与生息变化的土性。金、木、水、火、土，事物的五种不同特性和功能，相生相克，相对相成，使得世界得以生生不息，使得宇宙依道而行。

五行之说经过古代众多思想者的充实，包含的内容几乎涵盖了人身、世界和社会的所有方面，如方向的东南西北中称五方，色彩的青黄赤白黑称五色，气候的风暑湿燥寒称五气，音乐的宫商角徵羽称五音，口感的酸苦甘辛咸称五味，身体的肝心脾肺肾称五脏，生化过程的生长化收藏称五态，等等。而且，古人还将金、木、水、火、土这五种物质属性，与五方、五色、五气、五音、五味、五脏和五态等一一对应起来，比如：

木在东，青色，角音，酸味，肝脏，与风相应，属生态；

火在南，赤色，徵音，苦味，心脏，与暑相应，属长态；

金在西，白色，商音，辛味，肺脏，与燥相应，属收态；

水在北，黑色，羽音，咸味，肾脏，与寒相应，属藏态；

土在中，黄色，宫音，甘味，脾脏，与湿相应，属化态。

五行又有相生和相克之说：水生木，木生火，火生土，土生金，金生水；金克木，木克土，土克水，水克火，火克金。

皇家建筑的选材、布局和阴阳五行

紫禁城的总体布局就基于阴阳理论。比如整个建筑群分为外朝和内廷两大部分：外朝主阳，布局疏朗，气势雄伟，体现阳刚之美；内廷主阴，布局严谨，装饰精美，富有生活气息。外朝除大明门、承天门、端门等形成的中轴线外，两边还有辅助轴线，主要突显其阳刚气势；而内廷则不用三条轴线，而是以乾清、坤宁两宫为主，以十二宫、十所象征星辰的拱卫，有较多的阴柔之美。而在外朝内廷这两大部分中，又遵循古代阴阳学说所谓"善补阳者，必于阴中求阳；善补阴者，必于阳中求阴"的原则，阳中有阴、阴中有阳。

紫禁城等皇家建筑在设计建造时同样十分注重与五行的相符相合。比如皇家象征中央，为土，黄色，所以屋顶大面积地使用黄色的琉璃瓦。而墙壁和油饰则大量地做成红色，那是因为在阴阳五行学说中，火生土，火为土之母，属木为赤，这样的设计能够使得紫禁城中央的"土"化生循环，依天行道。因为北方为水，水生木，所以，紫禁城在乾清宫和坤宁宫北面的宫后苑和万岁山种植了大量的花木，而除此之外的中轴线南端的三殿、两宫以及御街等，都没有花草树木，那是因为五行理论中木克土的说法。明朝末年，曾经在午门左右以松叶为棚，以使百官免立风露之下，但到了清代初年，又全部去除。皇家后花园里因为种植了大量的树木，木生火，所以，进入后苑有一门，名曰"天一"，天一生水，水克火。可见，明清帝王对于皇家建筑中各种材料物件的采用、种植或摆布，都十分遵循阴阳五行学说。

王朝更嬗、子嗣赓续皆依五行生克

按照阴阳五行的说法，中国历史上的各个王朝，都是按照金木水火土五行相生相克的原则前后继承的，比如秦是水德，而汉是火德，晋是金德；明朝起于东南，是火旺的朝代，清是金国的后代，属水盛之朝。

看看明朝历代的帝王之名，我们很快就能意识到，开国帝王对五行的重视程度：

洪武帝　朱元璋

建文帝　朱允炆　火

永乐帝　朱　棣　木

洪熙帝　朱高炽　火

宣德帝　朱瞻基　土

正统帝　朱祁镇　金

景泰帝　朱祁钰　金

天顺帝　朱祁镇　金

成化帝　朱见深　水

弘治帝　朱祐樘　木

正德帝　朱厚照　火

嘉靖帝　朱厚熜　火

隆庆帝　朱载垕　土

万历帝　朱翊钧　金

泰昌帝　朱常洛　水

天启帝　朱由校　木

崇祯帝　朱由检　木

朱元璋把子孙后代给孩子起名的辈分用字原则从一开始就定好了。这个原则不是别的，正是五行的生克顺序：木生火，火生土，土生金，金生水，水生木，如此循环，生生不息，以期江山永固，皇寿永葆。

以"金"称砖象征封建王朝江山永固

和所有炉窑焙烧过程一样，砖的烧制过程也是一个阴阳互动转换、刚柔相推相济的过程。烧窑制砖的过程是一个处理水火相济、刚柔相推、密透相兼、阴阳相容的过程，制砖是一门把握火候和拿捏分寸的艺术。

烧窑的时候，有陶长时时从窑炉口观察火候，砖土受火力的作用，会出现如同金银融化时那般形神摇荡的样子。所以，密实精细又通透吸水的上乘质量的砖，是烧制过程中处理两极矛盾的技艺和经验累积的结果，宋应星《天工开物》中说，"水火既济，其质千秋"，砖原来只是土，但在水火既济之后，便拥有了足以持续千秋的坚硬和恒固。

和普通的砖一样，细料方砖原来也只是泥土一方，但土经过火的焙烧，再加入水，水火相济相感，最终使土变成了坚固程度足以持续千年之久的砖。

砖是坚固之物，在五行中当属"金"。

细料方砖，和所有的砖一样，原属"土"，但这种土在经过了四五个月的糠草、片柴、枝柴等"木"属之物转化而成的"火"能的焙烧之后，再逐渐与"水"相遇；在水火既济之后，成了皇家宫殿中的"金"。因此，铺陈于紫禁城主要宫殿室内的细料方砖，属土，属中，在皇家建筑里当是"中中之中"，皇家的基础；又属金，因为它是坚硬和封建王朝江山永固的象征。

"既济"之后是"未济"，居安之时当思危

"既济"，是《易经》六十四卦中的第六十三卦，下面为"离卦"，代表火，上面为"坎卦"，代表水；水火相交，水在火上，水势压倒火势，大功告成。所以，"既济卦"象征成功，盛极之时，象征坚固程度足以持续千秋。

五行之中，金代表坚硬、牢固、长远和恒久。皇家建筑中的许多关键物料和部件多以"金"命名，如"金水""金柱""金井""金砖"等等。这里的"金"，都不是实指黄金，有金贵、重要的意思，但主要的含义是坚固和恒久。

提醒人们否极而泰来、盛极而衰至、居安而思危，希望人类顺
应天道的思想，是《易经》等中国古代哲学始终贯穿的核心精神，
也是金砖所以叫金砖的文化内涵和应有之义。

  不过，有警醒作用的是，《易经》"既济"的卦辞是这样的："亨
小利贞，初吉终乱。"意思是，虽说大功告成，但从更长远和更具智
慧的视野来看，却只是小见吉利，后面终将发生变故——即便当前
江山稳坐，可不久便会分崩离析。所以，"既济卦"的象辞又说，"君
子以思患而豫防之"，即警告世人做人行事需要居安思危、防微杜渐。
事成之后，不如事方成之时的吉利亨通。也就是说，功德完满、江
山稳坐、亨通吉祥的时候，如果稍有不慎，便有可能导致混乱和分
崩离析。

  水火既济之后拥有了坚固而足以持续千秋的细料方砖，既是江
山永固的象征，却也藏着终将分崩离析的隐患，当初盛极一时的大

明王朝便是前车之鉴。因而，《易经》在六十三卦"既济"之后，紧接着的六十四卦是"未济"，火在水上，火水未济，告诉并警示我们："物不可穷也，故受之以未济。"

对于《易经》卦象的这种排列，无论是普通人还是哲学家，多认同冯友兰先生在《中国哲学简史》中的解读："人若想要做成一点事情，就不要指望一帆风顺，马到成功；若想不失去已有的东西，就要从事物的反面多着想一些。"

这种提醒人们否极而泰来、盛极而衰至、居安而思危，希望人类顺应天道的思想，是《易经》等中国古代哲学始终贯穿的核心精神，也是金砖所以叫金砖的文化内涵和应有之义。

万历朝就已叫"金砖"，顺治朝正式称"金砖"

从目前发现的确凿为明清古金砖的边款铭文中可以知道，金砖是在康熙年间开始由明朝时的"方砖"或"细料方砖"正式改称"金砖"的。明代正德朝和嘉靖朝的金砖边款铭文中都只称"方砖"，万历朝则称"细料方砖"，清代顺治朝依然称"细料方砖"，而从康熙朝开始，一直到宣统朝，金砖的边款铭文中都直接称"金砖"。

然而，在口头上，甚至在大臣的奏折和工部行文中，把这种专供皇家建筑要殿铺墁的做工精细的特殊方砖叫作"金砖"，应该是康熙朝之前的事。比如，顺治十四年（1657）正月江宁巡抚张中元揭帖中，就已直呼"金砖"，康熙以后的皇帝起居注以及大臣奏折等公文中自然也直接以"金砖"相称了——这样，产自苏州的细料方砖与山东临清的细砖就有了明确的区分。

在非正式的文案和场合中，"金砖"之称更可追溯到明代。虽然万历朝修订的《大明会典》中依然称"细料方砖"，但同是万历朝编刻的《工部厂库须知》和万历朝抄录的明人笔记《两宫鼎建记》中，都直接称"金砖"了："金砖派烧于苏松七府……今查大通桥原系贮

　　将皇家专用的细料方砖直呼为"金砖"，不仅可以"金生水，水克火"来让皇宫免于天火人灾，更是对坚固、永恒的一种强化，是对明朝仅民间私下称"方砖"而不够强调"金"之纰漏的一种规避；以"金"来命名皇家宫殿内的砖，是祈望木—火—土—金—水的依次循环能够更加顺利，祈望皇道能够更加顺应天道，祈望江山能够直到永远。

砖之所，仍以金砖另堆在内……""钦差郎中吴道直、李方至苏州烧金砖……以银二万两发苏州而金砖至……"

　　由此可知，在明代非正式的公文、档案中，或在非正式的场合中，早就把细料方砖称作"金砖"了。

将"金"镌入铭文，规避"金"之纰漏

　　根据阴阳五行学说的理论，应对水火既济、变土为金之后的潜在隐患的最好办法，也是唯一办法，是通过对五行中某一行或几行的加强或者减弱，让木火土金水更加顺利地循环运作起来，以化解天道和人事变迁过程中的凶象。

细料方砖虽然具有金的属性，但似乎还不够，依然不能抵挡对于"初吉终乱"的担忧，尤其是在清王朝入关还不久、江山虽然已经坐稳但隐患依旧存在的康熙朝。清帝和清廷这种对于水火既济卦象的理解，拿皇家建筑材料之一的细料方砖来说，能够将阴阳五行理论化诸行动的方式便是直接将"金"字刻进铭文，以"金"来命名砖。

将皇家专用的细料方砖直呼为"金砖"，不仅可以"金生水、水克火"来让皇宫免于天火人灾，更是对坚固、永恒的一种强化，是对明朝仅民间私下称"金砖"而没能正式刻入铭文，依然不够强调"金"之至要这一纰漏的一种规避；以"金"来命名皇家宫殿内的砖，是祈望木—火—土—金—水的依次循环能够更加顺利，祈望皇道能够更加顺应天道，祈望江山能够直到永远，祈望帝王能够万寿无疆。

当然，对于爱新觉罗家族和清王朝来说，以"金"直接命名砖，从阴阳五行说的视角来看还有更多的好处和更深的用意。

王朝都是按照木火土金水相生相克的原则前后继承的。明朝起于东南，为火旺之地，且"明"为日、月，多火，属火德，克金，所以能灭属金德的元朝。而清朝，是女真人建立的政权，为北宋时金朝的后代，明末重新建国，史称后金。通常认为，天聪十年（1636），皇太极改国号"金"为清，改族名"女真"为"满族"，主要用意就在于火克金，而水克火。用阴阳五行说来解释，明末之时，后金不能战胜明朝，是因为明王朝之火克建州女真之金；但是，金虽然不能胜于火，却可以生出更多水来，金之后代一旦有了水，即成为大清，一定可以克火了。

在拥有水德的清王朝，金自然越多越好了，因为它可以生出越来越多的水，而越来越多的水就意味着越来越强的可以让江山移代、宫殿易主的克火能力。

登堂入殿路，五行变易道

那时有五行，却没有砖陶

远古的先民是穴居的。《易传》说："上古穴居而野处。"

从自然中来，又生活在自然中，怀着对自然的敬畏，在自然的水火还没有撞开并照亮心智和文明之门的时候，人们只能遇洞即居，随穴临安，并始终在不安、焦虑甚至恐惧中渴望着可以拥有一个安顿自己生活、身心乃至生命的地方。

北京西南房山区周口店那里的一些天然山洞，就是距今 70 万年至 20 万年的"北京人"居住的生活场所，是人类早期的住宅。考古学家在这些山洞里面发现了人类的化石，还有许多石锤和用作砍斫、刮削的石器。

《礼记·礼运》说："昔者先王未有宫室，冬则居营窟，夏则居橧巢。"在房屋宫殿出现之前，先民除穴居之外还巢居，他们冬天累土成窟，夏天则堆聚薪柴而居其上。

那时候，当然没有陶器，也没有砖瓦。

那时候，当然已有自然，有风雨灾难；有阴阳，有木火土金水。

那时土经火烧而成的"金"称"瓦"

古之"砖"字，偏旁不用"石"，而用"瓦"，其写法为"甎"，"專"表声音，"瓦"表意思。

那么，古代的"瓦"是什么呢？

古代"瓦"的所指，相当于我们今天所说的陶器。现代不少人仍然会在一些日用陶器名的前面加上一个"瓦"字，比如瓦罐、瓦盆、瓦瓮、瓦缸、瓦埚等等。

　　《说文解字》里是这样解说的："瓦，已烧土器之总名。"意思是说，古代的"瓦"，并不单指我们今天所说的覆盖在屋顶上的板瓦、筒瓦一类的瓦片，而是指所有用土作原料且用火焙烧过后的器物。就是说，古代"瓦"的所指，相当于我们今天所说的陶器。据说，直到现在，陕西、甘肃、山西、河南等地，不少人仍然会在一些日用陶器名的前面加上一个"瓦"字，比如瓦罐、瓦盆、瓦瓮、瓦缸、瓦埚等等。

　　古时候，瓦即陶，而陶就是"土"经火烧之后变成的如石之"金"。

　　就是说，如果那时候已经有了砖，那也属于瓦的一种、金的一类。

　　只是，那时候的瓦，那时候的金，还很粗糙，因为那时候还没有水磨功夫。

只是，远古那时候，不知道有没有砖，不知道有没有阳澄湖，有没有太湖。

有碗盆壶罐时，还不见砖

逐渐地，开始有半人工半天然的洞穴。

在陕西西安东郊发现的半坡村仰韶文化时期聚落遗址，距今有6000多年，其住处无论是方形还是圆形的房屋，多为半地穴式。方形屋房门朝南开，入口都比较狭窄，屋室中间通常有一个烧火的土炕。这表明那时的人们开始有比较固定的生活居住状态，而且已开始使用火。

火的使用是人类走向文明的重要一步。

通常认为，史前先民使用火来取暖、烧烤食物或煮饭，经过烧烤的黏土地面或墙面就会变得坚硬，犹如金石，且呈红色，还有隔水防潮的作用。经过长期的观察和实践，先民们逐步认识到这种"红烧土"可以用在住处和洞穴等建筑物上。同时，人们经过不断地摸索，学会了用泥土、窑火烧制出碗、罐、盆、壶等陶质日用器具。从半坡村遗址中可以知道，先民已经采用横火膛窑和竖火膛窑来烧制盛水、煮饭的日用陶器，并已经掌握了制陶的基本知识和工艺。

砖和瓦都是建造房屋不可缺少的材料，它们和瓶瓶罐罐一样，都是人们生活中的必需之物。烧制砖瓦和烧制一般的陶器使用同样的原料（即泥土）、同样的器具和同样的工艺，从技术上看，能烧出陶器就能烧出砖瓦。但是，在半坡村遗址上却见不到砖、瓦的遗物。

那时的住房已有用圆木做栋梁，地上部分的四周墙壁多为木骨泥墙，即在木架中间填以枝叶和茅草，再在两面抹泥，或用竹竿编织，再里外抹泥。屋顶也用树干、树枝为架构，覆以茅草和树叶，或在表面抹上泥土。

这些都说明那时的建筑技艺已经有了长足的发展，但是，就是不见有使用砖和瓦的痕迹。

在耕作中理解阴阳转换

我国古代以农为本，农人靠天吃饭，农业生产又离不开天文气象。古人在对时令更替与气候变化长时间观察后发现，一种是阴气，较为沉滞，总体向下行运；另一种是阳气，较为清健，总体向上升腾。阴阳二气对立又互补，倘若彼此协调，就会风调雨顺；反之，就会产生灾害。

这种观察和发现被后来的阴阳家利用并发挥，用来解释自然和现实。

《国语·周语》记载，周幽王二年（公元前780年）泾、渭、洛三川地震，当时的周大夫伯阳父解释说：

阳伏而不能出，阴迫而不能烝，于是有地震。

说地震是由阴阳冲突产生的。伯阳父认为，这是阳气被阴气镇压在下面不能上出、阴阳相迫的缘故；倘若阴阳二气不失其序，则可国泰民安。

阴阳家起源于古代的方术，它运用天文、五行、占卜和风水等知识和手段解释并化解自然现象，其中虽然多有迷信，却也因为试图以积极的态度来理解、顺应甚至化解、征服自然现象而成为中国科学的肇始。阴阳家直面宇宙世界和万物现象、总是与事实打交道的一面，使其对科学做了实实在在的探索，并为古代中国思想的发展做出了有益的贡献。

最早对先秦时期的诸子百家尝试分类的是司马迁的父亲司马谈。我们从《史记》最后一章援引的《论六家要旨》一文中可以知道，司马谈将公元前5世纪到公元前3世纪末众多的思想流派总共分成六家，第一家便是阴阳（其余五家分别为儒、墨、名、法和道）。

雏形砖：良渚时期的红烧土块

距今约5000年的河南汤阴县和淮阳县的龙山文化时期遗址上，有用土坯砌筑的墙体，土坯有的尺寸、大小均不一致，有的厚度相等但长短不一，有的则大小规格相同。

因为没有砖窑烧制的过程，土坯还不能称为砖材。

现代概念上的烧结砖，形成于良渚文化时期，这种雏形砖在多个考古遗址中被大量发现。

距今5500年左右的安徽含山凌家滩红烧土遗址上，有一口井壁用红陶块砌成的水井。经过检测，考古学家认为，陶块原料中含有黏土，由稻秆、稻壳等与土拌合，且经摔打成形，并置于窑炉烧制而成，烧成温度在950℃—1000℃。这种红陶块尽管外形不甚规整，但其质地与烧成砖块无异，其物相组成、吸水率和抗压强度等与汉代砖、明代砖和现代砖都已经十分接近，完全可视为砖的雏形。

从赵陵山良渚文化遗址的发现可以知道，当时的人们已经能够烧制出造型完美且构思巧妙的陶器如黑皮陶、彩陶器等，不少器具上绘有鱼、兽、人等图案，可以推断，那时的人是能够烧制出同等工艺水平的建筑用砖的。赵陵山遗址的"红烧土块"是由黏土、稻糠和稻草糅合，并以竹竿和芦苇做骨架，堆积大量干柴用火焚烧而成的。

杂与金木水火而成百物

《尚书·洪范》中就有关于"五行"的可靠记载。相传，周武王伐纣成功之后，向箕子请教治国之道，箕子在回答时提到并说明了五行：

水磨金土

　　《尚书·洪范》中关于"五行"的说法中，有一点给我们留下深刻的印象，也是非常值得我们注意的，那就是：人类社会和自然世界是紧密地联系在一起的。

　　五行：一曰水，二曰火，三曰木，四曰金，五曰土。水曰润下，火曰炎上，木曰曲直，金曰从革，土爰稼穑。

　　意即：五行，就是水、火、木、金、土。水有下流润泽的功效，火有上升发热的能力，木指顺着曲直之态而生长，金可以纠正、变革事物，土能使草木作物生长其上。

　　《尚书·洪范》中所说的"五行"比较简单粗糙，基本上是指金、木、水、火、土等具体的物质。但是，按照后来的五行学说，我们不能机械地把五行理解为金、木、水、火、土五种元素，甚至是五种物质的变化转换。

其实，五行是指五种相互作用的力量，或说五种能力，在古籍里，常称为"五德"。金，是指物质的坚固性，木则代表事物的生长力，水指的是物质的流动性，火指热能，土则指承载万物且可使其于上生息变化的能力。五种不同特性的能力，相生相克，相对相成，于是，宇宙世界得以依道而行，生生不息。

《尚书·洪范》中关于"五行"的说法中，有一点给我们留下深刻的印象，也是非常值得我们注意的，那就是：人类社会和自然世界是紧密地联系在一起的。

《国语·郑语》中也说到了五行。史伯与桓公的一次对答中，提出了"和实生物，同则不继"的观点，意思是说，万物生成要靠多种元素的运用，不能凭靠一种元素：

先王以土与金、木、水、火杂，以成百物。

这或许就是古人对万物生长、农业种植和工艺文化的理解。比如制砖做陶，不是只用土，而须让土与金、木、水、火相和相济：水土相和，才有坯泥；点火烧窑，需要草木；伐木割草，要用金刃；火烧砖坯，才能成金。

如此顺时而动，便是生生不息

最早见于《吕氏春秋》又被载入《礼记》的《月令》是阴阳家的又一部重要文献，里面不但把五行与四季（时间）和四方（空间）相互连接，形成了它解释时间和空间的思想观念，还以此把自然现象和人文现象连在一起，从而告诉君王和人们，每一个月里应当做什么，不应当做什么，才得以万物互谐、天人相和。

《月令》说，春天万物生长、草木茂盛，木德旺，代表东方；夏天气温升高、烈日炎炎，火德盛，代表南方；秋天树木萧瑟、万物肃杀，金德旺，代表西方；冬天北风凛冽、严寒袭人，水德盛，代表北方。而四季之间，四方之心，居正中央的，便是土德。《月令》甚至还把一天中的早晨、中午、傍晚和午夜分别与春、夏、秋、冬和木、火、水、金等相互对应并联结起来。

《月令》中说：

> 孟春之月……东风解冻，蛰虫始振。……是月也，天气下降，地气上腾，天地和同，草木萌动。

春季的第一个月里，吹面不寒杨柳风，冻土酥融，蛰虫翅动；上天之气逐渐下降，大地之气往上蒸腾，天地正当气合，草木开始萌动。

而就在这样的气候季节里，人要顺时而动，人的行为应当与其相应相合。

《月令》又说，初春之月，应当颁布并实施迎春惠民的法令，禁止伐木，不行覆巢之举，也不能兴兵动戎。如果无视天道地象，行事违反规定，就会遭受天降之殃：

> 布德和令，行庆施惠，下及兆民。……禁止伐木，毋覆巢。……是月也，不可以称兵，称兵必天殃。兵戎不起，不可从我始。
>
> 孟春行夏令，则雨水不时，草木蚤落，国时有恐。行秋令，则其民大疫，猋风暴雨总至，藜莠蓬蒿并兴。行冬令，则水潦为败，雪霜大挚，首种不入。

阴阳家还认为五行是按固定的顺序相生或相克的，一年中四季的转易嬗替就是按照五行相生的顺序进行的：春天木盛，生火，至夏；夏天火盛，生土，至中；秋天金盛，生水，至冬；冬天水盛，生木，复回至春……木火土金水，如此循环，生生不息，无穷无尽。

五德转移，奉天承运

邹衍是战国末期阴阳家的一个重要人物，他用五德（五行）来解释朝代的更替和历史的发展。司马迁在《史记》中说邹衍"称引天地剖判以来，五德转移，治各有宜，而符应若兹"。邹衍说，自从开天辟地以来，时代盛衰，王朝更迭，表面看来现象法相各不相同，但原则只有一个，即都是按照五行的生克而变化转移的，而且，这是一个相当应验的历史规律。

《吕氏春秋》中介绍了这种说法：

> 凡帝王者之将兴也，天必先见祥乎下民。黄帝之时，天先见大螾大蝼。黄帝曰：土气胜。土气胜，故其色尚黄，其事则土。
>
> 及禹之时，天先见草木秋冬不杀。禹曰：木气胜。木气胜，故其色尚青，其事则木。
>
> 及汤之时，天先见金刃生于水。汤曰：金气胜。金气胜，故其色尚白，其事则金。
>
> 及文王之时，天先见火，赤乌衔丹书集于周社。文王曰：火气胜。火气胜，故其色尚赤，其事则火。
>
> 代火者必将水，天且先见水气胜。水气胜，故其色尚黑，其事则水。水气至而不知，数备，将徙于土。

皇帝的时代，土德旺盛，崇尚黄色。皇帝将起之时，天地之间会先出现大蚓（螾）、大蝼等代表土德兴起的祥瑞。

木克土，黄帝时代被木德旺盛、崇尚青色的夏禹王朝替代。大禹将兴之时，草木至秋冬季节依然叶不脱落。

金克木，禹夏王朝被金德旺盛、崇尚白色的商汤王朝替代。商汤将兴之时，曾有如刀似刃的金石浮于水面。

火克金，汤商王朝被火德旺盛、崇尚红色的周王朝替代。周将兴之时，现天火，赤乌鸟衔木叶栖息于周神社之上。

克火者一定水德旺盛、崇尚黑色，下一王朝将兴之时，必有象征水相高涨的异象出现，而等水德气数尽时，只要物行齐备，就会转移至土德之朝。

春秋战国时的阴阳家们认为，历史就是这样按照五行生克的顺序盛衰有时、更迭有序的。

于是，秦始皇统一列国后，便相信秦王朝因承周而立，故以水而德，从而崇尚黑色，改黄河为"德水"；而到了汉朝，尽管有过争论，武帝最终还是宣称以土德而王天下。

这种以奉天承运为核心、按五行生克顺序更换朝代的历史观念，直到明清，依旧在所谓火大明、水大清以及火克金、金生水等对立又相济的矛盾中纠结并延续着。

至秦汉，登堂入室、蔚为大观

在河南郑州二里岗一个战国时期的墓穴中，考古人员发现了现代概念中的所谓真正的砖——墓内陶棺用空心砖砌成，棺底、棺壁也全部围筑空心砖，只有棺的上面用木板覆盖。

各地的许多建筑遗址表明，西周至春秋战国时，已经有方形和长方形的铺地砖、空心砖和砌墙的小块砖。

秦汉时期，政治上的统一必然需要有相应的建筑，大规模建造皇室、宫殿需要大量的砖瓦材料，于是，砖瓦作为建筑材料终于登堂入室且蔚为大观，秦砖汉瓦也成了历史上砖瓦建材的标志物和代名词。

日中则昃、月盈则食的智慧

中国古代的人们理解和解释宇宙世界时有两条路线，一条以阴阳家为代表，另一条以注解《易经》的儒家为代表。

注解《易经》的儒者把世界万物和宇宙运作的原则都归结为阴、阳及其互动，比如天和地、男和女、上和下、热和冷、光明和黑暗、刚强和柔弱、自然和人文等等，两者相反相成、相生相克，于是产生了宇宙世界的所有现象。他们在与自然和社会打交道的过程中，受天地运行、四季转换和物象轮回、人事变易的启发，逐渐认识到，万物各有其道，亦有共道。

儒者们在《易传》中认为，阴与阳的对立转化带来了世间万物的发展变化，他们将这种发展变化的本质叫作"生生"：

> 一阴一阳之谓道。
> 天地之大德曰生。
> 生生之谓易。

他们不仅将阴阳之道贯穿于自然世界和天地万物，还将其灌注进社会生活和人伦礼义：

> 有天地然后有万物，有万物然后有男女，有男女然后有夫妇，有夫妇然后有父子，有父子然后有君臣，有君臣然后有上下，有上下然后礼义有所错。
> 昔者圣人之作《易》也，将以顺性命之理，是以立天之道曰阴与阳，立地之道曰柔与刚，立人之道曰仁与义。

他们认为，宇宙世界的这种共道，在天道是阴阳二气，在地道是柔刚二性，在人道则是仁义二德。

水磨金士

人们在与自然和社会打交道的过程中，受天地运行、四季转换和物象轮回、人事变易的启发，逐渐认识到，万物各有其道，亦有共道。

在卦序的排列和爻辞的解释上，《易传》也充分体现了"易""生"之慧。

乾卦爻辞中，从初九的"潜龙勿用"到上九的"亢龙有悔"都在告诉人们：任何事都不能过头，否则会适得其反；要时刻谨慎处事，以避免灾祸临身。

《易传》哲学的核心在于"易"和"生"，即变易之道和生生之道，其间充满了关于万物生成和生存之道的智慧，也贯彻着忧患意识："日中则昃，月盈则食"；"寒往则暑来，暑往则寒来"；否极泰来，居安思危，物极必反，一阳来复……

在卦序的排列和爻辞的解释上《易传》也充分体现了"易""生"之慧。比如，每卦之后通常是与其性质相反的一卦，紧接着第六十三卦"既济"的就是第六十四卦"未济"；而"乾卦"爻辞中，从初九的"潜龙勿用"到上九的"亢龙有悔"都在告诉人们：任何事都不能过头，否则会适得其反；要时刻谨慎处事，以避免灾祸临身。

将阴阳五行融进儒家文化

阴阳和五行在各自对自然世界和人类社会做出自己的解释后，逐渐走到了一起，开始相融。到了汉代的董仲舒，就呈现出特别明显的合流特点。

董仲舒在《春秋繁露》中说，宇宙是由天、地、阴、阳、木、火、土、金、水和人十种成分组成的。他说"天道之大者在阴阳"，阴与阳相伴相生，共同参与天地化育：

> 天地之间，有阴阳之气，常渐人者，若水常渐鱼也。所以异于水者，可见与不可见耳。

就像鱼浸游在水中一样，阴阳两气始终包围并浸润着人，不同的只是水可见而气不可见罢了。

在阴阳的基础上还有五行，阴阳与五行相配，共同主导世间万物的运行变化，体现着天的意志。

董仲舒还按生克关系（"比相生而间相胜"）给五行排定了与《尚书·洪范》不同的次序：木、火、土、金、水。所谓"比相生"

就是相邻相生，即木生火，火生土，土生金，金生水，水生木；所谓"间相胜"就是相隔而克，即木克土，土克水，水克火，火克金，金克木。

董仲舒也认为木、火、金、水各主四季和四方之一：木主东方和春季，火主南方和夏季，金主西方和秋季，水主北方和冬季。土居中，助木、火、金、水。

在董仲舒看来，一年四季的嬗替是阴阳二气循着四方而转衰运盛、此起彼伏的结果。一阳来复、阳气初升时，在东方，助木，春天到来；阳气大壮，进入全盛之时，到南方，助火，就是夏天。然而，物极必反，盛极而衰，阳气全盛也是其与阴气相姤之时，便又到东方（董仲舒认为天"任阳不任阴"，所以不去西方），助金，于是秋天到来；阴气否极时，移到北方，扶水，冬天到。而就在这时，阴也会由盛转衰，阳气重又来，又一个阴阳循环开始。

董仲舒做的最重要的事情是把阴阳五行学说融进了儒家学说，并构建了一个具有神秘色彩的儒学思想体系。他认为，天以阴阳五行化生万物，人在万物之中，自然先天具有阴阳五行的特征而与天相通，所以说"人副天数""天人一体"，人在身心两方面都是天的复制。他说：

> 天亦有喜怒之气、哀乐之心，与人相副。以类合之，天人一也。

天地与人类似，也是具有喜怒之气和哀乐之心的，天和人是相互感应甚至合一的。

> 天、地、人，万物之本也，天生之，地养之，人成之。

天、地、人三者是万物的根本。天生人和万物之后，地予以培植养育，而人自己呢，需要实现自我价值，需要依靠礼乐教化来成就自身，需要依靠实践修养来完成自我。

砖艺之"金"成于宋而盛于明

从李诚《营造法式》所记载来看，我国的造砖工艺和技术到宋代已较为成熟，到明代就更加成熟并定型，宋应星《天工开物》有较为具体的工序工艺的叙述。

制作普通砖分制坯和焙烧两大工艺流程，大致有选土、练泥、制坯、晾坯、装窑、烧窑、窨水等工序。

《天工开物》记载：

> 凡埏泥造砖，亦掘地验辨土色，或蓝或白，或红或黄（闽、广多红泥，蓝者名善泥，江、浙居多），皆以粘而不散、粉而不沙者为上。汲水滋土，人逐数牛错趾，踏成稠泥，然后填满木匡之中，铁线弓戛平其面，而成坯形。
>
> 造方墁砖，泥入方匡中，平板盖面，两人足立其上，研转而坚固之，烧成效用。石工磨斫四沿，然后甃地。

宋人已熟知各种泥料质性。做砖先要用土，用土要选料。各地土的颜色不一样，有蓝、白、红、黄等，土质也有差别，江浙一带的泥料较好，做出来的砖自然质地更好。做砖选土，以"粘而不散，粉而不沙"为好泥料的基本原则。

练泥制坯技艺早已成熟。练泥的时候，先将料土用水浇湿，再将几头牛赶进练泥场，错杂踩踏，来回反复，直到成为稠软适中的泥料。接着便是做坯。将泥料填满木框，用木弓铁线勒平坯面，就成了砖坯。

造方墁砖的方法是，将泥放进木方框中，上面铺上一块平板，两个人站在平板上面踩，把泥压实。烧成后由石匠先磨削方砖的四周而成斜面，然后就可以用来铺砌地面。

砖坯经阴晾后即可装入窑内烧制。装窑有装窑匠，装窑匠根据窑座之形制、规模，将砖坯在窑座内堆垛成合理之层架，既避免烧窑时浪费窑柴，也防止堆垛不合理造成受火不匀。

装窑之后即开始烧窑。

《营造法式》记载宋代烧制素白窑：

> 凡烧变砖瓦之制：素白窑，前一日装窑，次日下火烧变，又次日上水窨，更三日开候冷透，及七日出窑。

可知宋时的官窑，烧普通砖瓦，仅约两天，整个烧窑的周期为七天。

《天工开物》记载明代民窑烧窑：

> 凡砖成坯之后，装入窑中，所装百钧则火力一昼夜，二百钧则倍时而足。凡烧砖有柴薪窑，有煤炭窑。用薪者出火成青黑色，用煤者出火成白色。凡柴薪窑，巅上偏侧凿三孔以出烟，火足止薪之候，泥固塞其孔，然后使水转釉。凡火候少一两，则釉色不光，少三两则名嫩火砖，本色杂现，他日经霜冒雪，则立成解散，仍还土质。火候多一两，则砖面有裂纹，多三两，则砖形缩小拆裂，屈曲不伸，击之如碎铁然，不适于用。巧用者以之埋藏土内为墙脚，则亦有砖之用也。
>
> 凡观火候，从窑门透视内壁，土受火精，形神摇荡，若金银熔化之极然，陶长辨之。

砖坯做好后，就可以装窑烧制了。每装三千斤砖烧一个昼夜，装六千斤则要烧上两昼夜才够火候。烧砖有的用柴薪窑，有的用煤炭窑。用柴烧成的砖呈青灰色，用煤烧成的砖呈浅白色。柴薪窑顶上偏侧凿有三个孔，用来出烟，当火候已足而不需要再烧柴时，就用泥封住出烟孔，然后在窑顶浇水，使砖变成青灰色，称浇水转釉。烧砖时，如果火力缺少一成，砖就会没有光泽；缺少三成，就会烧成嫩火砖，现出坯土的原色，日后经过风霜雨雪侵蚀，松散易解，变回泥土。如果过火一成，砖面就会出现裂纹；过火三成，砖块就会缩小拆裂、弯曲不直而一敲就碎，如同一堆烂铁，不再适于砌墙。有些会使用材料的人把它埋在地里做墙脚，也算是起到了砖的作用。烧窑时要注意从窑门往里面观察火候，砖坯受到高温的作用，看起来就像金银完全熔化时摇荡的样子，这要靠老师傅的经验来辨认掌握。

再看《天工开物》记载的窨水：

凡转釉之法，窑巅作一平田样，四围稍弦起，灌水其上。砖瓦百钧，用水四十石。水神透入土膜之下，与火意相感而成，水火既济，其质千秋矣。

使成砖生釉并变成青灰色的方法，是在窑顶砌筑一个平田一样的池子，池子四周稍高，往池中灌水。每烧三千斤砖瓦灌水四十石。窑顶的水从窑壁的土层渗透下来，与窑内的火相互作用。借助水火的相济，就可以做成坚实耐用的砖块了。

这些记述都说明当时"变土为金"（即制砖技艺）已相当成熟。

《太极图说》和天道人事

北宋的周敦颐被学术界认为是中国古代新儒学——理学的开山

祖师。他最早建立了一个初步的宇宙论框架，并以此将宇宙与人统合起来，在汉代董仲舒"人副天数""天人感应"的理论之后重新确立了天人之间的合一关系。

周敦颐学说的框架体系主要体现在他的《太极图说》和《通书》中。他将一张本来用于解释道教长生不老之术的秘传图录予以修改，并吸取了《易传》和道家的某些说法，加以发挥，就有了《太极图》和《太极图说》：

> 无极而太极，太极动而生阳，动极而静，静而生阴，静极复动。一动一静，互为其根；分阴分阳，两仪立焉。阳变阴合，而生水、火、木、金、土；五气顺布，四时生焉。五行，一阴阳也；阴阳，一太极也。太极，本无极也。五行之生也，各一其性。无极之真，二五之精，妙合而凝。乾道成男，坤道成女。二气交感，化生万物。万物生生而变化无穷焉。
>
> 惟人也，得其秀而最灵，形既生矣，神发知矣！五性感动而善恶分，万事出矣！圣人定之以中正仁义而主静，立人极焉。故圣人与天地合其德，日月合其明，四时合其序，鬼神合其吉凶。君子修之吉，小人悖之凶，故曰："立天之道，曰阴与阳；立地之道，曰柔与刚；立人之道，曰仁与义。"又曰："原始反终，故知死生之说。"大哉易也，斯其至矣！

周敦颐《太极图说》的基本思想是解释、阐发并演绎《易传》中提出的"易有太极，是生两仪"，其宇宙世界发展图式为：太极—阴阳—五行—万物，即他说的：

> 阳变阴合，而生水、火、木、金、土。……五行，一阴阳也；阴阳，一太极也；太极，本无极也。

二气交感，化生万物，万物生生而变化无穷焉。

核心意思是，金木水火土五行统一于阴阳两气，而阴阳两气又根源于太极；宇宙世界源于太极元气，太极元气分化为阴阳两气，阴阳两气变化交合形成五行，五行又经过互济和互击产生万事万物。周敦颐的这个思想叙述虽然简短，却为后来朱熹的思想提供了基本的轮廓。朱熹等人在南宋发现了周敦颐思想的开创性，确立了周敦颐在理学史上的地位。

周敦颐还在汉代董仲舒人副天数、天人感应理论的基础上，以《易传》《中庸》所说为核心，并借鉴佛家和道家思想，把"诚"作为天道人事的枢纽，对天人关系做了新的整合。

《太极图说》的前半部分讲的是天道，后半部分说的则是人事。周敦颐认为，人是阴阳二气交感而生中"得其秀而最灵"者，就像佛教僧人证悟诸法性空一样，儒者需要真实完满地通达天地万物的本性，这个本性便是"诚"，是至善的天道。他在《通书》中说：

圣，诚而已矣。诚，五常之本，百行之源也。

他把"诚"看作本性，当作最高的道德原则，是万事的源头，也是达到顺应天道又竭尽人事的关键。

儒学之"金"亦成于宋而盛于明

作为五行中的一个文化符号，"金"在先秦与阴阳合流，在汉代又随阴阳五行学说融入儒家思想；到两宋，经过周敦颐将道家乃至佛家思想的揽入，终于使得中国古代的儒学思想走向成熟；再到明清，被称为新儒学的理学日渐鼎盛，最后登上文化和社会的最高殿堂，阴阳相济、五行生克的思想也日益占据明清帝王与平民的生

　　周敦颐认为，人是阴阳二气交感而生中"得其秀而最灵"者，就像佛教僧人证悟诸法性空一样，儒者需要真实完满地通达天地万物的本性，这个本性便是"诚"，是至善的天道。

活和心灵。

　　历史和文化常常有许多很有趣又神秘的现象。

　　我国的砖瓦生产、建筑营造以及百工技艺，以李诚的《营造法式》和宋应星的《天工开物》等为标志，同样也是成于两宋而盛于明清。

　　这样想来——

　　为什么将子孙后代的辈分用字按照五行相生的顺序来事先钦定的做法，会出现在明朝的开国皇帝身上？

　　为什么将本来就已经属金的砖用"金"字来称呼命名也是出现在明朝，而不是更早？

为什么清朝的皇帝要将本来只是口头上以金相称的这种铺在金銮殿里的细料方砖在铭文中正式改镌成"金砖"？

为什么皇家要殿里的大方砖要叫"金砖"？

什么样的砖，什么样的建材，什么样的物品，才会以"金"相称？

……

关于"金"和砖的这些问题，如果有了上述的历史背景和文化视角，很快就迎刃而解了。因为事物的命名，尤其是对最高殿堂里的墁地材料的命名，并非单纯的语言称呼问题，更不是简单的材料物性问题，它牵引着的往往是数十个王朝千百年的历史，甚至是无数个用物质材料和文化精神构筑起来的宇宙世界。

金木水火土，生命炼金术

炼金术的精神层面深深地影响了现代心理学：炼金术士的很多术语和象征如今已经成了现代心理学的标准概念。

任何转变都需要经过"分离"与"再统一"两个阶段——这是炼金术士教给我们的基本的一课。精神的转变也需要经历逆境的高温，经历与恶的斗争，才能实现对立的重新统一。

——庞思奋《爱灵魂自我教程：心理学与梦》

2013 年 11 月 19 日上午，巴西南部城市阿雷格里港市政大楼的五名工作人员奉市长若泽·福尔图纳特之命，来到地下展厅，协助来自姐妹城市——中国苏州的九位客人布置一个从 19 日持续至 27 日的为期九天的展览。

工作人员看着中国客人不远万里带来的深藏在重重包裹之中的展品，先是有点好奇和疑惑，而当客人们慢慢地拆除运送防护包装，20 多件展品全部露出真容之后，阿雷格里港市政府的这几位职员立刻惊叹不已。

与此同时，他们很快就意识到，他们正在参与的，是阿雷格里港文化交流史上一次不同凡响的、具有里程碑意义的开拓性展览。他们也因此而明白，市长为什么那么重视这个名为"中国苏州御窑金砖文化交流展（巴西）"的展览，还要出席下午的开幕仪式，并为之剪彩。

金砖是文化的使者，是友谊的象征

来自姐妹城市的客人带来的展品叫"御窑金砖"。展览的主要展品包括两块古金砖，一块是 1558 年制作的 64 厘米见方、10.5 厘米厚、75 千克重的明代古砖，一块是 1892 年制作的 58 厘米见方、8 厘米厚、55 千克重的清代古砖；还有一块是重制的新金砖，是由国家级非物质文化遗产苏州御窑金砖制作技艺第六代传承人金瑾女士于 2012—2013 年间新制的 63 厘米见方、7 厘米厚、55 千克重的仿清康熙金砖；还有御窑金砖书法练习砖和 10 多件砖雕作品。

阿雷格里港市政府的职员们了解到，这种看似与普通青砖相差不多的"御窑金砖"，是中国明清皇家建筑中用于室内铺地的一种特制的大型细料方砖，其唯一的产地——苏州市相城区陆慕御窑独到的制作技艺，使得这块六百年来一直是由中国江南土窑烧制而成的方砖，在进入中国明清时代最高殿堂的同时，积淀并含藏了极为丰富的文化内涵，使得它拥有了中国传统文化核心的所有内涵，足以成为中国古代工艺巅峰时期精工细作的典型，也足以担当起当代文化交流的使者和经济互动的推手。

于是，巴西阿雷格里港市政府的职员们与来自中国苏州的客人们，似乎在刹那之间有了心有灵犀的感觉，他们之间，葡语和中文、阿雷格里港土话和苏州方言的隔阂，也不再成为沟通的主要障碍。

于是，没多久，在不需要太多的语言翻译而是相互间自发的夸张手势和大声呼唤中，在肢体和情感的频繁接触和交流中，市政大楼地下展厅的"中国苏州御窑金砖文化交流展"，便奇迹般地准备就绪了。

出国之前，曾经因为"金砖"的英文翻译而苦恼。译成 Gold Brick，"金"字意思中最为关键的属于"金木水火土"的中国文化的那部分含义就会失去，而除了用 Gold，又找不出任何一个词能够完整地传递出金砖的表层和深层含义来。现在看来，语言本身就是既承载了文化又限制和束缚了生命的，所以，御窑金砖走向金砖国家，走向世界，让世界各国的生命用眼睛和身体去接触金砖真品，是文化交流中需要迈出的必不可少的一步。巴西阿雷格里港之行中，那种只要借助御窑金砖似乎就不再如此依赖语言交流的感受，只要说 Jin Zhuan 而不必翻译成 Gold Brick 就可以让东西方两种不同文化的人心知肚明的美妙体验，让人对御窑金砖和她那水火相济的生命艺术有了最真切、最阔大的体验。

下午的展览开幕式上，若泽·福尔图纳特市长说，他在 2010 年 5 月拜访过苏州这座阿雷格里港的姐妹城市。他觉得苏州是个美丽的地方，经济发展良好，市民的生活质量非常好，给他留下了难忘的印象。苏州的传统文化保护得很好，对苏州今后的经济发展会有很好的帮助。在苏州，除了能够看到今天、预见将来，还能清楚地看到她的过去，这非常让人佩服。他说，阿雷格里港的历史虽然不能与有 2500 年历史的苏州相比，只有 240 年，但是他相信两市的文化交流不会间断，两市的友谊会更坚固，就像金砖一样。

展览期间，若泽·福尔图纳特市长充满好奇和钦佩地参观了御窑金砖以及以金砖为材料制作的砖雕工艺品。在看到友人用毛笔蘸了清水在金砖写字板上书写汉字时，福尔图纳特市长忍不住也握起了毛笔，蘸水在金砖上挥毫起来。在听说此次展出的所有工艺品都将留在阿雷格里港以做永久性展览之后，若泽·福尔图纳特市长很高兴，他向御窑金砖传承人金瑾和相城区政府颁发收藏证书，并表示，这次展览结束后，所有展出的御窑金砖展品都将存放于阿雷格里港著名的乔根约·费利加德博物馆。

金砖文化像水一样润泽人心

阿雷格里港所在的巴西南大河州有一所联邦大学，这所大学有一座中巴合作的孔子学院，孔子学院的中国院长叫顾铁军。

几个月前，听说来自江苏苏州的御窑金砖要在阿雷格里港办展览，顾铁军有点担忧。因为他在来到阿雷格里港不到一年的时间里，感觉到当地民众崇尚悠闲的生活模式和文化方式，可能对外来文化和工艺不太感兴趣。然而，等到他受阿雷格里港市政府之邀来到布展现场，看见来自苏州相城的"自家人"把三块金砖和二十多件砖雕作品的防护物拆除之时，他的这份担忧已经去除了大半；而等到御窑金砖传承人和金砖文化研究专家向他具体介绍金砖的制作工艺和历史文化价值，以及金砖所含藏的中国文化中的核心要素的时候，他一下就对这次苏州御窑金砖文化交流展在中国和巴西的文化交流和经济往来中所具有的开拓性意义和所起到的推进性作用有了深刻的认识和领悟。

顾铁军激动地对苏州的客人们说："之前，阿雷格里港这个仅有一千多华人的城市，也举行过一些来自中国的交流活动，但都属经济类或大众娱乐类。而且，在阿雷格里港，因为中国人并不多，看不到中国的电影，看不到中文的书籍，文化交流活动更是少之又少。原来我一直把这种现象归因于当地人对外来文化的兴趣不大，或是归因于华人在当地人口中所占的比例不高，但是现在，看到了御窑金砖的展品，了解了金砖的文化之后，我觉得，那是因为我们之前没有主动地把像金砖这样极具人文魅力和生命真情的、朴实丰厚的文化和工艺展示给巴西人。虽然我们与阿雷格里港等地的巴西人拥有不同的文化背景，但有着相通的人性特征。"

顾铁军还说，之前，阿雷格里港与中国的交流几乎全是经济活动，文化的交流几近空白，而御窑金砖文化交流使团所做的事情，与孔子学院在巴西从事中国语言和文化交流这一主要工作一样，有着共同的宗旨和目标，那就是：用像苏州之水一样的文化来润泽已经蓬勃兴起的商业和经济活动，使得不同文化背景下的生命有真正意义上的沟通交流和互动互惠。他说，中国的语言和金砖一样，承载的

　　苏州御窑金砖制作技艺传承人金瑾以金砖的工艺文化内涵为主题向当地孔子学院的师生们做了介绍。师生对金砖及其文化充满了好奇，巴西的学生更多的是对金砖深入探究的兴趣，而中国的师生则在兴趣之中流露出自豪。

都是文化，而文化承载的是生命的存在和生活方式；不同文化间的交流和沟通，使得生命相互理解，使得生活更加和谐幸福。

　　顾铁军介绍，在阿雷格里港，经过两年多的努力，孔子学院已经招收到172名学生，且所有学生都是巴西籍的。金砖使团的到来让他非常兴奋。于是，他深沉又饱含激情的脸一下舒展了，主动将他在孔子学院的两名助手、南大河州联邦大学的几名来自中国的交流生，以及多名孔子学院的巴西学生安排到展览现场，充当展览的志愿者，让他们在这个持续九天的金砖展上向巴西参观者介绍御窑金砖及其文化。

展览现场，顾铁军还邀请御窑金砖制作技艺传承人金瑾就金砖制作工艺的特点和金砖蕴藏的历史文化内涵等主题，向孔子学院的师生们做了介绍，并交流互动。活动中，师生们对金砖及其文化充满了好奇，巴西的学生更多的是对金砖深入探究的兴趣，而中国的师生则在兴趣之中流露出自豪。

孔子学院的学生、年仅 19 岁的阿历克赛是阿雷格里港当地人，虽然学习中文还不久，用中文交流还不太熟练，但他还是在同学的帮助下，坚持不懈地用半生不熟的中文夹以葡语，向来自中国的老师和专家提问，在场所有的人都为之感叹。孔子学院的老师陆梦珠则说，金砖及其文化让她这个之前并不了解金砖的连云港人，与苏州有了真真切切的"同是江苏人，同是中国人，同是故乡人"的体验。

顾铁军院长听了金砖文化的小讲座也很激动。一激动，这个来自黑龙江的儒雅汉子，主动向阿雷格里港市政府的官员和苏州金砖使团的领队说，在市政府招待使团用中餐后，他要用巴西餐来招待早已习惯了苏帮菜、中国餐的使团成员们，让苏州相城人体验一下阿雷格里港和巴西美食的味道和文化。

金砖是文化交流和经济互动的火种

11 月 20 日，金砖展览开幕后的第二天，阿雷格里港市政府大楼地下展厅迎来了来自巴西北部的一位名叫瑞·巴拉哈的退休老人。老人在展厅仔细观看了每一件金砖展品，向在场的苏州使团人员和孔子学院的志愿者连声称奇。他说，他正在旅游的途中，经过阿雷格里港，知道有来自中国的御窑金砖文化展览，就赶了过来。谈到金砖和中国文化，他始终处在兴奋和赞叹之中，他说他之前去过新加坡、泰国和日本，也始终有一个愿望要去中国，因为"中国的文化很友好、很优秀、很杰出，中国的经济发展也是如此"，但由于巴西离中国很远，怕自己力不从心，所以一直没能如愿，"而今天，在

水
磨
金
士

阿雷格里港看到来自中国的文化珍品，有聊以慰藉的心情和感受"。

临走时，老人握住一支展览签到用的圆珠笔，用葡萄牙文认真工整地写下了他的姓名、地址和联系方式，然后，满含深情地说，如果今后有机会，他还是很想去中国，到时，一定会到苏州看一看。

玛西尔·希格儿曾经是阿雷格里港的一位老师，现在是巴西南大河州教育部的一名官员。看过展览，她立刻称赞说："这些展品的工艺令人赞叹，这个展览是一种非常好的文化交流形式。大多数巴西人只知道中国的美食，而并不知道中国还有精致的工艺，更不了解中国的文化。"希格儿当即表示，她会向阿雷格里港的学校推荐，让老师和学生们前来感受中国工艺和文化独有的魅力。

和希格儿有着同样感受的另一位没有留下姓名的阿雷格里港市民，则将这次金砖展览比作文化交流的火种，他说，这种内涵丰富的文化交流活动，更有意义的地方是在人的内心埋下火一样的种子，它可以在不同文化背景的人群中逐渐发散开来，推动经济活动，使得商业和经济活动具有情感和文化的亲和力。

这次金砖展览吸引了不少中国和巴西的媒体。中国国际广播电台的记者特地从巴西利亚赶到阿雷格里港采访，之前并不知情的巴西 ERS 电视台，闻讯后立刻安排记者做了专访……

金砖文化是水火相济的生命艺术

周依敏，这位在阿雷格里港经营一家名叫"上海饭馆"的小餐厅的巴西籍华人，见到来自世界另一端的乡邻们带着几块御窑金砖来到阿雷格里港，并一脸严肃，认认真真地对她说要到市政府大楼去办展览时，她好像还没有意识到金砖这种源于她的血地国土的文化产品，和她在异国他乡从事的跨国跨文化的经济活动之间，有着怎样的关联。因此，刚开始，当她在市政大楼地下展厅看到金砖展品时，除了对金砖的惊叹和对苏州乡邻的亲切外，更多的是疑惑和不解。所以，当苏州使团想要让她担任这次金砖文化交流活动的语言翻译时，她表示出了为难之情。

然而，当周依敏开始深入了解金砖背后隐藏的工艺价值和文化内涵时，她立刻明白了文化交流和经济互动之间相互推进并相得益彰的关系和作用。一会儿的工夫，她就把比她更早来到巴西、目前正在从事进出口贸易的出生于中国台湾的老公吴先生请到展厅现场，让他把金砖及其文化介绍给前来参观展览的巴西人。

对这次金砖文化交流有了更深的参与和认识后，周依敏非常感慨地介绍了自己的创业历程。23 年前，这位当时 23 岁的如水的江南女子，怀揣着对美好生活的向往，只身从上海来到阿雷格里港。她先是在叔叔的厂里做事，后来在巴西人开的一家餐馆里打工，再后来，她看到了巴西人做生意和经营餐馆方式的不同，熟练地运用起上海人做生意特有的魅力和精明，把一家本来老板是巴西人的餐馆，在不改变职员岗位的情况下，变成了自己来做老板，而原来的巴西老板则成了现在这家上海饭馆勤勉守职的经理人。

观看了这次金砖交流展览，了解了金砖文化，再回顾自己这一创业经历，周依敏和她老公都很感慨："金砖含着的水火相济、刚柔相推的核心文化，是从事生意和经济活动的法宝，金砖文化是生活的智者用生命历练并体验到的一种大智慧。这种智慧，无论对巴西还是对中国，作为发展中的'金砖国家'，在其经济发展的过程中会有很多的启示。"

生命来到世界，就会有欲望，有追求，就会有人际的互动，有身体和物质的往来，就会有经济上的互惠——经济，就是生命之火。

生命来到世界，同时也会有守静，有内省，就会有孤独和寂寞，有对心灵和艺术的倾注，就会有文化和工艺——文化，常常是润泽生命的水。

生命来到世界，必须经历一个水火相济的过程，才能真正走向成熟；必须经历一种阴阳互动、刚柔相济的淬炼，才能烧制出身体与心灵的"金砖"。

生命的这种特征，使得人类社会逐渐意识到，任何一个社会，任何一种文化，任何一种工艺的成长、发展和和谐成熟，其实都是一个水火相济的过程，都是一门烧炼金砖的艺术。

金砖文化作为典型的相城文化、姑苏文化乃至中国文化，在当今多元世界文化的背景下，同样也需要继续与西方文化、拉美文化等相互碰撞，需要一个水火相济的、实实在在的体验，才能真正走向成熟，才能真正经得起时空的检验。

金砖的巴西之行，就是一次水火相济的生命金砖和文化金砖的历练。

国际陶艺学会主席雅克·考夫曼将他以古法重制金砖为材料做成的26件陶艺作品，在中国多个城市展出。他使用了镂空雕刻、图章戳印、喷砂剥离和水刀切割等多种工具和手段，将秦兵马俑头像、当代人体艺术画、中国明清古版画和阴阳五行印章字符等融嵌进每一块金砖。

雕窗镂空那一头，婆娑世界另一端

2018年10月20日，国际陶艺学会主席雅克·考夫曼将他以古法重制金砖为材料做成的26件陶艺作品，在中国上海首次展出。展出期间，人们看到，上海中心大厦37楼珐琅厅内的这些作品，使用了镂空雕刻、图章戳印、喷砂剥离和水刀切割等多种工具和手段，将秦兵马俑头像、当代人体艺术画、中国明清古版画和阴阳五行印章字符等融嵌进每一块金砖。

看过展览的人们不禁会问：这位国际陶艺学会主席，究竟借金砖做了些什么，又想说些什么呢？

雅克·考夫曼，1977 年在瑞士日内瓦应用艺术学院学习陶瓷之后，作为自由艺术家，在日内瓦工作了七年。1984—1986 年，他搬到非洲东部的卢旺达，作为"瑞士合作"陶瓷项目负责人，着力于如何通过文化交流将陶瓷技术"回归原点"，并且在那里发现了用成千上万的砖堆成的"陶瓷景观"。1996 年，考夫曼担任瑞士沃韦应用艺术学校陶瓷系主任，并开始致力于欧洲和中国的陶瓷文化交流。2008 年，他又加入日内瓦赫皮亚大学的工程、建筑和风景园林学院研究小组，研究城市规模的绿色墙。2012 年起，考夫曼担任国际陶艺学会主席。2017 年，他完成了几项永久性的大型装置艺术，比如在印度造一座砖寺，在宜兴建一个"互园"，等等。

据考夫曼说，他对金砖的兴趣源于金砖的"唯一性"且其中含藏着中国传统文化。作为金砖古法的复原者和金砖文化的研究者，我们在刚听到考夫曼要用金砖做材料进行创作这个请求的时候，第一感觉是"舍不得"，因为一块金砖从练泥到做坯，从晾坯到烧窑、窨水再到出窑，起码要一年以上，其间工序三四十道，即使窑工每时每刻都盯着，也很难保证较高的成品率。作为一个工艺符号，御窑金砖承载的是苏州乃至整个中华的文化，它的内涵是圆满自足的一个系统，外来的东西很难置喙，更不用说对它动手动脚、镂空雕刻了。

开始我们对考夫曼的做法感到不解，心想：一个法国人，为什么会看上金砖来做创作材料呢？可是，转念一想，金砖和砖陶工艺的文化内涵，不就是"水火相济，才能变土为金"吗？文化只有开放，只有相互沟通交流甚至碰撞冲突，生命才会涌现出博大的智慧。于是，我们答应了考夫曼的请求，让他试试，让中西文化在金砖上来一次

左：透过金砖上一个法国人用现代工具雕出的苏州园林里花窗一样的镂空，我们能够看到关于金砖和中国的另一个世界。

右：考夫曼说：我的姿势是简单而准确的，是由材料本身产生的。关键在于，这种形式是作为一种关系的具体体验而被创造出来的。

撞击。

所料未及的是，考夫曼创作作品，与金砖的"刀枪相见"，完全不是我们想象中那种粗暴和强力。

比如，考夫曼可以将一块已经非常细腻平滑的金砖，用水磨机打得更细、更滑，且极有耐心，完全出乎我们的意料。这让那些生长在水磨昆腔故乡的金砖厂的工艺人，着实见识了一番法国人的水磨功夫。

再比如，考夫曼要挑选明代的古版画做镂雕的素材，他会问我们这些中国人，一个一个地问，一遍一遍地问，仔仔细细地问，不厌其烦地问；当他发现图案线条不能完整连接，而致使作品出现掉碎的时候，他会反复斟酌，不断尝试，请中国画师修改再修改，直到满意。这些特点，与金砖制作过程中的看天做坯和精工细作，是完全一致的。

看到考夫曼完成的金砖作品，我们十分惊叹。因为，透过金砖上一个法国人用现代工具雕出的苏州园林里花窗一样的镂空，我们看到了关于金砖和中国的另一个世界。

考夫曼的金砖作品在上海展出之后，还在金砖的故乡苏州以及长沙、北京、广州等地展览。

雅克·考夫曼关于陶艺的语录：

对我来说，虚构起源于物质其品质和诗意能量。

我认为所有的能量，首先是以直观的方式，而不是如其形成时的那样完全结构化，这是作品的生成原理。为实现这一目标，我的姿势是简单而准确的，是由材料本身产生的。关键在于，这种形式是作为一种关系的具体体验而被创造出来的。

就像那些质问极限的艺术家所说的那样，我就是我所遇到的那些材料与文化。

水磨腔调另一面，青砖金砖莫分辨

作伪造赝，亦堪称姑苏一绝。

苏工苏作的精细至极，当含藏这层玄秘之义。

明朝中后期吴地技工鼎盛萃集，王稺登、周丹泉等一大批艺术名家同时也是欺世弄假的高手。直到现当代，苏州玩家将原款挖补后换上明清大腕字号的书画，骗过众多里手行家，甚至入藏世界知名博物馆者，也并非罕见特例——正如当年的昆曲、园林和金砖，百转千回，一唱三叹，工到水磨，细密绵延，终于变土成金，进了最高的殿堂。

不难想到，在旧时处处是土窑、遍地有细料的水乡江南，今天，凭着温水润土孕育成就的苏州人素来绝顶的聪明才智，更有发达到难以想象的科学加持，随便找一块少文缺铭的破旧青砖，乔装改扮，加印添款，不出一周，就是一方雌雄莫辨、价高待贾的明清老金砖。抑或采糙泥，雇粗工，做它个成百上千的大小砖坯，在侧面敲上三四枚印章，堂而皇之地放进土窑一烧，出炉后用污泥烂茶浸泡，或肥皂水、人屎尿一浇，数月之后，就是金砖数百枚，统统出自陆墓御窑，喊叫得气壮声高——嘿嘿，谁的心眼缺智少慧，就该谁要倒霉！

古玩旧物界，工艺品行业，真、精、新充斥市场的同时，假、陋、粗也一定满目皆是。如今，漫游在人文荟萃、源远流长的苏州古城和水乡古镇，那似乎姹紫嫣红开遍、雨丝风片又见的斑斓光影里，

水
磨
金
土

园林里搁一方金砖，姑苏的小巧精致和浮华繁丽顿时现出安静和从容，少了许多执迷。这就是简明质朴和厚重包容的魅力。一朴，足以藏约万丽；一朴，却能镇定万宅。

稍加留意，便可窥见，水巷岸街的两边，早已是时时犹江南、处处有金砖的风景无限了。

就材料质地和基本概念而言，金砖属于青砖，是高级的、细料的、青灰色的方砖，与古时南方大户的厅堂或京师皇家的宫殿里铺设的细料方砖，料性上并无实质性的区别。或者说，它们其实就是同一种类的墁地材料。

从工序工艺看，在古代，沥浆练泥、扦踏做细、阴干晾坯、长时间及多燃料地焙烧、窨水，等等，这些直接影响成砖质量的关键工艺，在金砖与普通的细料青砖之间，也没有本质的不同。工匠们制作金砖，就是在制作细料青砖，就是和制作细料青砖一样，用当

"金"字自带的明光，大约注定是用来蒙蔽世人双眼的。

地极致的练烧工艺、用陆墓天然的泥材土料做砖。再进一步说，即便是普通的青砖，与金砖之间，也只有精细和粗陋之差。

在外观上，金砖与青砖之间的唯一不同，就是金砖砖身一侧那三四枚章印铭文。这些铭文分别标示着金砖的烧造年份、监督官员和责任窑户；而青砖，多无款铭，或极少章印。

外观上的这种不同缘于铺墁的地点。金砖由朝廷工部采办，质量要求严苛，只能铺在皇家要殿的室内；而青砖的烧造，虽也有苛求质量者，但仅用于民间的厅堂铺墁。

"金"字自带的明光，大约注定是用来蒙蔽世人双眼的。

人之天性，常常不好土，却拜金。看土，鲜用正眼；见金，却精气神顿现。往往追逐金元宝，鄙夷砖瓦陶；看不上窑工，独钟情

"金"字含藏的智慧，大约注定是用来警示世人迷梦的。

御用；喜欢精美繁复，嫌弃简明质朴。一块砖，一片瓦，只要没有刻画雕凿，没有款识年号，再古再老，也不看好；但只要有字样纪年见到，再粗再糙，也会一心想要，没了头脑。

而精明的古董商和文玩家们，深谙人性中被金光观照而出的这一裂缝。老砖加款，新砖做旧，本作之货，小菜一碟啦，保你做得款砖匹配、天衣无缝，遇见专家也没了错对，难辨真伪。

于是，不难明了，金砖原本民间不得私藏且极少流出皇宫，却转眼之间，在旧时处处是土窑、遍地有砖陶的水乡江南，成千上万的"真金砖""老金砖"和"好金砖"，一批又一批地，源源不断地，涌进了迷狂错乱的古街新市，涌进了喧嚣不息的欲海人潮。

甚者，连砖的每一块碎片都不肯放过。

水
磨
金
士

这看上去真真切切的姑苏水乡，原来，真的就是一生都在"还债"的黛玉妹妹泪水长流的故乡。

四处网罗，搞些素白无文的新砖旧块，用些修补身手，使些阴计阳谋，立马拼成金砖数十方；或耗些时日，花点本钿，做成茶具茶宠一类的工艺玩物，还无羞无耻且无忌无惮地呼喊叫嚷：

"金砖啊，金砖！真的金砖啊，老的金砖！"

"金"字含藏的智慧，大约注定是用来警示世人迷梦的。

假作真时真亦假，无为有处有还无。就在这满城金砖的叫喊声里，我常常看见，金砖和青砖本是同一物件的基本认知，总是会被人心中那份恶土好金的天性打碎激裂，之后，化成一条又一条永难愈合的缝隙，且愈演愈烈，甚至可以让整个社会和人心的世界分崩离析，直到生出这样奇妙的幻想——

这看上去真真切切的姑苏水乡，原来，真的就是一生都在"还债"的黛玉妹妹泪水长流的故乡。

这踏上去实实在在的烟水吴门，莫非，真的就是惊醒宝玉哥哥美梦的那个金玉满地而又恍兮惚兮的太虚幻境……

水其实是你我互照互见的一面明镜，火不过是自我热情奔放的一缕焰影。

水
磨
金
士

水是你我的明镜，火是自我的焰影

夜空中，神秘的笑容

深夜的金鸡湖畔，"鸟巢"还在不停地变换它多彩的面孔，闪烁中分明看得见设计人安德鲁那张来自法兰西的宽容而灿烂的笑脸；李公堤还在用它的火树银花传递着亦古亦今的吴地人家的气息，灯火中能分辨出策划者泛亚易道公司那种属于美利坚的多姿又迷人的风情。有人还在消夜，还在尽情消受着中外并呈的现代苏州的夜色。

夜色中，不知道是否会有人想起一百多年前那位为了赈灾救民而修堤筑坝的李知县，但这样璀璨的灯光让苏州人联想得更多的该是清代徐扬的《姑苏繁华图》和明清时期精致靡丽的苏式排场。而对于我来说，来自安德鲁祖国的后结构主义精神分析大师拉康，和另一位经典精神分析的鼻祖式人物、来自瑞士的荣格，他们略带神秘的微笑总会在古城上空那明艳和混沌相互交错的梦幻的夜幕中浮现。

可知"四方歌曲，必宗吴门"？

徽州人在谈到其中医文化的时候，常常会把曾在苏州阊门一带行医的清代吴中名医叶天士看作其新安医派的主要代表人物。对此，徽州人理直气壮，因为叶天士虽生于吴门，其医术却传承于其歙县的祖辈。

自然，苏州人在历数吴门医派代表人物的时候,总少不了叶天士,因为他的祖父很早就在苏州山塘一带行医了，叶天士的医术早已浸润了吴门的烟水，早已有了姑苏山塘的神韵。

我们常常会因为这一类的文化归属问题而各执一词，争辩不止。

比如，说起昆曲，苏州人总是津津乐道，洋洋自得，明末徐树丕《识小录》中"四方歌曲，必宗吴门"的经典话语常常会被许多老昆迷信手拈来，引读起来似乎还像在数百年前一样，铮铮然掷地有声，有人甚至还因为吴门昆曲在中国戏曲史上曾经的王者地位而依然睥睨群雄，唯我独尊。

比如，看了一部新编戏，倘若不属所谓的吴门嫡出，会问：那是在演昆曲还是话剧？见到舞台灯光的华美璀璨，会叫：怎么没了昆曲的本色呢？甚至，看了苏州人自己出演的"青春版"大戏也会质疑：太现代了，昆曲的原味还剩多少，都到哪里去了呢！

从汤沈之争到《牡丹》之盛

不知道苏州人这种自我又自恋的感觉源自何处，可以肯定的是，从昆山腔盛行的时候就已经就开始了。明代戏曲史就有汤沈之争，即临川派和吴江派之争。

出生于苏州吴江的沈璟，对曲律要求极高，认为戏曲填词只要合律依腔，即使人们并不欣赏也不要紧。所以，当他看到出生临川但"生不踏吴门"的汤显祖写下挠喉捩嗓的传奇时，忍不住亲自动手，将《牡丹亭》改写成了吴门版本。结果惹得汤显祖恼怒不已，说沈璟这样做让原本曲词意趣全失。于是，汤显祖也一发狠说，填词写曲只要意之所至，哪怕拗折了天下人的嗓子，他也在所不惜。

按照戏曲研究专家徐朔方的说法，汤显祖填《牡丹亭》用的是宋元南戏中早有成例在先的曲律音韵，而沈璟则是按照其自订的所谓正宗吴门昆山腔的曲谱来裁衡并厘定《牡丹亭》曲律的。汤沈之

水
磨
金
上

争各有其理但各执一端，而沈璟和吴江派在论争中对于吴门昆曲之正宗地位的执拗和倨傲是十分明显的。

昆山腔自明代兴起，盛极一时，并传布各地，最终成为百戏之祖，一唱六百多年，成了世界戏剧史的骄傲，也成了苏州人的荣耀。

即使到了清代嘉庆、道光年间，昆曲的地位开始被称为"花部"的各种地方戏曲动摇，而造成了所谓"昆乱不挡"之窘境的时候，各地戏班，不管是在南粤或是北疆，只要唱昆山腔，大多还是会聘请吴门曲师教习，否则就会被人讥为左道旁门。到了近代，吴门昆曲依然被视为昆山腔之正宗，绵延不绝，梅兰芳当年学唱昆曲，所聘曲师乔蕙兰和谢昆泉，也还是苏州人——吴门昆曲之宗祖地位，自然会让苏州人有天下昆曲唯我是正的得意。

然而，沈璟一定料想不到，现在的昆曲舞台上，他当年所作的那些音调和谐的传奇已经很少演出，而在当今吴门风靡一时的，偏偏就是汤显祖那聱牙佶屈的《还魂记》。

他者正是我梦中之人

常常设想让拉康和荣格给苏州人做一次精神分析，让他们读一遍苏州的历史和文化，从吴越春秋一直到"花雅之争"，从小桥流水人家一直到轻轨湖岸高楼，因为我向来很迷惑——

曾经因为吴越争霸而愤愤不平的吴地子民，最终却把人生的理想锚定了一个楚人，想要学着范蠡的模样，携手越国的美女，去泛舟太湖寄情山水，或者去建园造林归隐自乐。

昆山人梁辰鱼填词《浣纱记》的时候，借用的竟然是经过南昌人魏良辅改良过后的水磨腔，才使得"四方歌曲，必宗吴门"，使得昆曲成为百戏之祖而绵延了六百多年。

今天的苏州"鸟巢"里，《牡丹亭》的音律与《阿依达》的乐声此起彼伏；而生于华盛顿长于伯克利的赖声川近些年来居然还让台

生活在太湖东岸这方水土之上的苏州人，简直分不清你我，分不清中外，分不清金木水火土，甚至分不清传统和现代了。

北和北京的三个女人在苏州文化艺术中心上演了不知道是相声还是话剧的《这一夜，WOMEN 说相声》，让众多的影视明星云集一台，使我们着着实实地做了一场穿越古今且跨越中西的长而又长的《如梦之梦》和《暗恋桃花源》的迷梦——真是让生活在太湖东岸这方水土之上的苏州人，简直分不清你我，分不清中外，分不清金木水火土，甚至分不清传统和现代了。

吴越霸业、你我之争和城墙关口

盛明之时，魏良辅等人经过千锤百炼，成就了千回百转的水磨昆腔之后，第一个用这种曲调写昆曲剧本的人是梁辰鱼，他的第一部昆剧传奇就是《浣纱记》——以西施范蠡故事，叙春秋时吴越霸业之争。

在《浣纱记》剧末第四十五出《泛湖》的【北收江南】一曲中，梁辰鱼借范蠡之口写道："呀！看满目兴亡真惨凄，笑吴是何人越是谁？"水火不济、兵戎相见之后，谁还在为孰吴孰越、孰是孰非较真呢！

梁辰鱼又通过终场诗以自我解嘲又不乏自相矛盾的口吻表述他作为子民对明王朝的称颂："尽道梁郎识见无，反编勾践破姑苏。大明今日归一统，安问当年越与吴。"你是吴儿，要站在自家的水土上，为自家人说话，替自家人争光，但却偏偏编了个破家亡国的传奇，居然长了越人的志气，也难怪会有"吴闻白面冶游儿，争唱梁郎雪艳词"的传闻了。

然而，仔细体味梁辰鱼的这些曲词含义，其自相矛盾和自我解嘲之中，似乎蕴含着他一生遍历名山大川、遍访儒道高人的生命智慧。

或许，梁辰鱼深深地知道，原始先民的相互交流与致命搏杀，吴儿越女的你我之争和爱恨情仇，文明之火和太古烟水相推相济而孕育出来的烧砖筑墙技艺，到了经济渐兴、文化日盛的明代，终于使得原本主要依凭自然山水来做自我防御和自我保护的阖闾大城，凭借变土为金的文明成果东移到全无天然屏障可依的平江古城，也就是今天苏州古城的位置。

虽然此时的人们早已笑谈吴越，甚至安问敌我，但无论是吴国还是越国，无论是楚国还是齐国，是秦晋还是燕赵，中原大地上所有的城市都有一座用砖砌筑起来的又高又厚的四方之墙，并与其下挖土引水而成的护城之河一起成为固守自我的金城汤池。而且，在吴越古国之北的千里之外，更有一座同样是用于自我防御和自我保护的绵延万里的"大明之城"。

城墙的这边，是我大明帝国；那边，则是蛮夷他国。

城门和关口，总是系着砖墙外面的无数个他和砖墙里面的那个家；城门和关口，总是联结着家国、社会、人际乃至心灵世界的关系和交通的平台。

水磨金土

当然，墙上总是有门，城上一定有关。

城墙的里面，多是我和我们，甚至密友。

关口的外面，多是他和他们，甚至敌人。

城关的砖墙，头顶的天空，脚下的土地，所见的风景，或许都是易测或叵测之人心的文化物语和心灵说唱。

城门和关口，总是系着砖墙外面的无数个他和砖墙里面的那个家。

城门和关口，总是一座时而厮厮杀杀又时而亲亲洽洽，一阵开开关关又一阵呼呼喊喊的城堡。

城门和关口，总是联结着家国、社会、人际乃至心灵世界的关系和交通的平台。

城门和关口，其筑成材料都只是砖，由土经过水火相济而变成的金。

海纳百川和舶来的缤纷

拉康说，人对自我的确认是通过他者来实现的。苏州人恐怕也是从他人那里实现其自我认同的。比如，苏州人很可能是从越国美女西施的壮行中发现并确认内心世界的妩媚和善良的，也有可能是从楚国才俊范蠡的言行里找到自身所具有的聪颖和闲逸的，还有可能是从汤显祖编织的"临川四梦"中认同才情四溢的，更有可能是从南昌魏良辅改造的水磨腔调里体味到了自己内心的柔肠千转。

所以，我们现在所说的吴文化的传统和苏州人的自我，其实可能都像拉康所说，全是"他者的言语"。

或许，吴地文化的宗源大多传自吴门之外？

人是通过他者，把他者作为镜子来认识自我影像的。从刚出生时与母亲的你来我往式的线性来往，到随后跟父母之间的互动式的三角关系，再到后来跟兄弟姊妹以及社会人群的多向的交互联络，人不断地从他者这面镜子里看到并确认自我，最终实现其对自我的整合和认同。

一个城市恐怕也是从早期就开始通过他者来实现其自我认同的。我们现在所说的吴文化传统和苏州人特质其实都是他者的言语，我们今天看到的金鸡湖畔的灯火和古城上空的夜色其实全是舶来的缤纷，苏州人正是从这些他者的言语和舶来的缤纷中逐渐认同了一个所谓真正的自我——自我总是在无我和无常中得以确认的。

一个人只有放开对他人的心理防御，松动自己固守的理性思考，并乐于兼容并蓄，开始多一些感性的随意和潇洒，才是他自信满满的时候；一种文化只有不断吸收外来的甚至是敌手的营养，不拘泥于崇高和严肃，并愿意顺应和接纳平凡、普通甚至琐碎，才是其开始走向成熟的时候；一个城市只有打开门户笑纳八方，才是它自身较为强大的时候。

水火相济，方能变土为金——看似不容的水与火，当它们用合适的方式、在合适的时候共同作用于一方土地，形成相推相济、并存互容的关系时，这方水土才会孕育出特色鲜明又海纳百川的生命与文化。

水，其实是你我互照互见的一面明镜；

火，不过是自我热情奔放的一缕焰影；

土，原是你我身心灵存有的一处承载；

金，总是我一心向往牵挂的梦想殿堂。

水火相济，他我相遇，你我相融，要变土为金，需要木作燃料，而所谓——

木，正是那生生不息、燃烧不止又转瞬即逝、只在当下的生命自我存在和呈现的方式。

　　而所谓的吴文化，其实只是吴门男女对客居吴地的多种外来文化所做的一种具有吴门特色的集纳、选择和整合罢了。

万商云集，水磨成腔

　　明清时期的阊门山塘，之所以会成为"最是人间繁华地"，多是由于所谓的"万商云集"，而这些云集的商人，他们船上装载的不仅仅是货物商品，更多的是来自四面八方的各式各样的文化。所谓的吴文化，其实只是吴门男女对客居吴地的多种外来文化所做的一种具有吴门特色的集纳、选择和整合罢了。

　　金砖和砖陶制作技艺、昆曲和园林等文化遗产，看似固实难易或坚硬永恒的土或金，实则不管是金还是土，都只是无常易逝甚至方生方死的水、火、木。因为时空的流转，永远处在不断变化、不断传播和不断吸纳异质文化的过程之中，很难认定哪个时期、哪些区域或哪类人群的言说规范和审美趣味是标准的，很难说究竟谁是正宗谁是歪门、谁是嫡传谁是旁系，而这其实并不影响我们对自我的确认。就像今天许多早已喜欢上粤菜、川菜而很少光顾所谓正宗苏帮菜的苏州人，从来不会怀疑自己是否身属吴门、是否心系姑苏一样，那些满口沪化苏州方言的人，同样不太会弄不清自己生长在何方水土，传承于哪路血脉。

用这样的视角来看姑苏的文化，苏州人会不会感觉不太舒服呢？因为它似乎松动并解构了吴地文化人格中，那个一向自视正宗、自给自足和自我封闭的苏式自我？

带着这样的想法去看看渡僧桥畔叶天士的故居，去品味一下曾经冠绝江南的七里山塘，去金砖博物馆或金砖厂体验一下做砖弄泥里的水磨腔调，或许，我们会有更为深切的体验、更为豁达的胸襟和更为开放的情怀。

水
磨
金
士

谒文陵 ①

君早西行五百年，我今东拜一砖衔。

御窑陆墓金泥土，孙武姚衍水石田。

林上斜阳还漠漠，池边黄叶故怜怜。

燕山春色梦中见，自古阳澄忙作闲。

---

① 文陵：即文徵明陵，在苏州御窑遗址园西一千五百米处。

张问之《请增烧造工价疏》

　　工部屯田清吏司郎中臣张问之谨奏，为营建宫殿事。臣近以营建宫殿，奉敕前来南直隶苏州府等处督造二样细料方砖。伏观敕谕，一则曰"尔宜持廉秉公，着实干办。不许虚应故事，劳民伤财"；二则曰"仍须禁革奸弊，约束下人。勿得科扰贻患地方"。臣受命以来，夙夜警惕，惟恐事不称职，有负圣谕，于今三年余矣。所幸两次工程俱悉完备，筹在六月初四日发舟解运，复命待罪有日。而一应烧造事宜，积弊相承，良法尽废。其所以伤财劳民而患地方者，请为陛下陈之。

　　夫难成者，不可以易视；费大者，不可以小成。以今日之砖之略言之。其土也，必取而运，晒而槌，舂以碓，研以磨，筛以萝，凡七转而后成。其泥也，必池以滤之，由三级之筒，过三级之萝，且池以晾之，瓦以晞之，弓以勒之，脚以踏之，手以揉之，凡六转而后就。以至坯之做也，托之以板，装之以范，以两人共擦之，以石轴碾之，以槌平之端正。日日翻转之，面面棒打之，遮护之，开晾之，凡八个月始干。其入窑也，修窑有费，垫坯有废。发火也，一月而糠草，二月而片柴，三月而颗柴，又四月十日而枝柴，凡五个月而砖始出。况阔及二尺二寸、一尺七寸，复欲出完全端正、声音清响、色道纯白，故常取一而费四五，夫何有好名者出？乃废初法而定为价，然犹可也。以好相承，争相消减，遂至于取民间所用之粗砖，而定为今三钱二分、二钱七分之价。夫民间所用之砖，视此几十百倍，可比而同之耶！

此前日烧造之民，所以产尽人逃，祸及亲邻；而亲邻之祸，又亲邻也。故臣昨烧造命下，而此等之民皆以望风逃去。比臣既至，而亲邻亦莫可跟究矣。其招复之难，处置之难，督责之难，万千难状，何者？工程细密，民贫价减，赔费之繁，有不止于身家十倍百倍之不及也。如苏州·府，烧造之民，止于长洲一旦，为家六十有三，其每名分砖不下三百余块。如每块赔钱止于七钱，则每家分外已赔银二百十两有余矣。臣虽今日得借扶按委屈完事，要之不可以为常也。故臣不揣愚昧，将一应烧造事宜，逐一画图贴说，总叙于后，具本进呈，奉渎睿览。伏望皇上特敕该部从长计处，具拟上请，定为钦价，使永为遵守，官民两便，缓急可凭，国家幸甚，生民幸甚。臣不胜恐惧，属望之至。

（《咸丰庆云县志·艺文志第十》）

附二

四库全书存目提要《造砖图说》

《造砖图说》一卷（浙江巡抚采进本），明张问之撰。

问之，庆云人。嘉靖癸未进士，官至工部郎中。

明永乐中，始造砖于苏州，责其役于长洲窑户六十三家。砖长二尺二寸，径一尺七寸。其土必取城东北陆墓所产干黄作金银色者，掘而运，运而晒，晒而椎，椎而舂，舂而磨，磨而筛，凡七转而后得土。

复澄以三级之池，滤以三重之罗，筑地以晾之，布瓦以晞之，勒以铁弦，踏以人足，凡六转而后成泥。揉以手，承以托版，矸以石轮，椎以木掌，避风避日，置之阴室，而日日轻筑之，阅八月而后成坯。

其入窑也，防骤火激烈，先以糠草薰一月，乃以片柴烧一月，又以棵柴烧一月，又以松枝柴烧四十日，凡百三十日而后窨水出窑。或三五而选一，或数十而选一。必面背四旁，色尽纯白，无燥纹，无坠角，叩之声震而清者，乃为入格。其费不赀。

嘉靖中营建宫殿，问之往督其役。凡需砖五万，而造至三年有余乃成。窑户有不胜其累而自杀者。乃以采炼烧造之艰，每事绘图贴说，进之于朝，冀以感悟。亦郑侠绘流民意也。其书成于嘉靖甲午，而明之弊政已至于此。盖法度陵夷，民生涂炭，不待至万历之末矣。

（《四库全书存目提要》卷八十四）

水
磨
金
土

鳞鳞屋瓦，知当年踵肩硗硗窑烟盛旺，
　　安得殿堂广厦千万间；
煌煌金砖，望来日故土依依草木清华，
　　岂止水磨功夫百十道。

图书在版编目（CIP）数据

水磨金土：金砖的复原与发明 / 金瑾，周震麟著.
— 上海：文汇出版社，2022.9
ISBN 978-7-5496-3869-7

Ⅰ．①水… Ⅱ．①金… ②周… Ⅲ．①古砖－生产工
艺 Ⅳ．①K876.3

中国版本图书馆CIP数据核字（2022）第154975号

水磨金土：金砖的复原与发明

著　者 / 金　瑾　周震麟
责任编辑 / 吴　斐
特约编辑 / 蔡时真
装帧设计 / 周　丹

出版发行 / 文匯出版社
　　　　　上海市威海路755号
　　　　　（邮政编码200041）
印刷装订 / 苏州市大元印务有限公司
版　次 / 2022年9月第1版
印　次 / 2022年9月第1次印刷
开　本 / 787×1092　1/16
印　张 / 13.75
字　数 / 80千

ISBN 978-7-5496-3869-7
定　价 / 98.00元